Michael Birkenbihl

Wer repariert den Chef?

Management-Coaching als Anspruch und Aufgabe

Mit Beratungsbeispielen

Meiner Tochter

Vera Felicitas

*als Zeichen meiner Bewunderung
für ihre Leistung als Spitzentrainerin
und ihre unauffällige Coach-Tätigkeit!*

Michael Birkenbihl

WER REPARIERT DEN CHEF?

Management-Coaching als
Anspruch und Aufgabe

Mit Beratungsbeispielen

BVB Bayerische Verlagsanstalt Bamberg

Bildnachweis

Für die freundliche Überlassung der Tarotkarten auf den Seiten 17 und 18 danke ich der Firma HT Nederland B.V. in NL-NH Rosmalen.

Für die freundliche Abdruckgenehmigung der Tarotkarten auf Seite 163 danke ich der Firma F. X. Schmid, Vereinigte Spielkarten-Fabriken GmbH & Co KG, D-8210 Prien.

CIP-Titelaufnahme der Deutschen Bibliothek

Birkenbihl, Michael:
Wer repariert den Chef? : Management-Coaching als Anspruch und Aufgabe ; mit Beratungsbeispielen / Michael Birkenbihl. - Bamberg : BVB, Bayerische Verl.-Anst., 1992
ISBN 3-87052-742-0

1. Auflage
© 1992, Bayerische Verlagsanstalt GmbH, Bamberg
Umschlag: Klaus Borowietz
Gesamtherstellung: SOV Graphische Betriebe, Bamberg
Printed in Germany
ISBN 3-87052-742-0

Inhaltsverzeichnis

Vorwort

Verehrte Leserinnen und Leser, zu Beginn dieser Arbeit will ich mich an die bewährte Regel halten: „Das Definieren kommt vor dem Philosophieren". Vor allem deshalb, weil ich den Eindruck gewonnen habe, daß viele sich über „Coaching" verbreiten, ohne genau zu wissen, worüber sie überhaupt reden. Dies ist im übrigen auch einer der Gründe, warum ich dieses Buch geschrieben habe. Also: Was ist „Coaching"?

Wenn wir zur Erarbeitung einer sauberen Definition ein amerikanisches Standard-Lexikon zu Hilfe nehmen, beispielsweise The New Merriam Webster Dictionary, so finden wir dort unter dem Stichwort „Coach" (als Substantiv):

- geschlossener, zweitüriger Wagen mit vier Rädern, mit einem erhöhten Außensitz für den Lenker;
- einen Eisenbahn-Personenwagen, speziell für Tagesfahrten;
- einen Bus;
- eine Automobil-Karosserie, auch: zweitürige Limousine;
- einen Privatlehrer, auch: einen, der ein Team von Akteuren unterrichtet oder trainiert, z.B. eine Rhetorik-Klasse oder eine Fußball-Mannschaft.

Entsprechend findet sich unter dem Verbum „coach":
- reisen in einem Pferdewagen;
- unterrichten, leiten oder helfend einsagen (soufflieren) als Coach (oder Coacher).

Wir können also feststellen: Die Grundbedeutung des Wortes „Coach" ist, jemanden von einem Ort zum anderen zu bringen; im übertragenen Sinne: *jemandem helfen, an ein vorgegebenes Ziel zu gelangen, etwas Bestimmtes zu erreichen*. Dies macht in der Tat jeder Mannschaftstrainer, der ja auch auf Neudeutsch „Coach" heißt.

Nun ist es üblich, Begriffe von einem Gebiet auf ein anderes zu übernehmen, und so transferierte „man", das heißt geschäftstüchtige Unternehmensberater, den Coach in das Management. Manager lassen sich also

„coachen". Und da erhebt sich sofort die Frage: *Welche* Manager lassen sich coachen? Antwort: Diejenigen, die es nötig haben. Gewissermaßen als Vorstufe zum Besuch eines Psychotherapeuten. Denn diesen Besuch scheut jeder statusbewußte Manager ...

Wenn in den USA ein Supervisor nicht bringt, was man von ihm erwartet bzw. gefordert hat, muß sich der nächsthöhere Vorgesetzte fragen: „*Kann* er nicht oder *will* er nicht?" Wenn er nicht kann, das heißt, wenn ihm Fertigkeiten („Skills") fehlen, wird er auf Seminare geschickt – das Allheilmittel in den USA. Was bedeutet, daß man dem Nicht-Erfolgreichen die Chance einräumt, Lücken im Wissen bzw. in Fertigkeiten aufzufüllen. „Will er nicht"? signalisiert ein psychologisches Problem. Stellt sich dies mit Klarheit heraus, wird der glücklose Manager entweder zum Psychotherapeuten geschickt – oder gefeuert.

Es ist nunmehr notwendig, eine klare Unterscheidung zwischen einem Coach und einem Psychotherapeuten herauszuarbeiten.

Die gesamte westliche Heilkunst, nicht nur die Psychotherapie, basiert auf einem monströsen Denkfehler, nämlich auf der Meinung, ein Mensch könnte einen anderen Menschen heilen. Ich stelle also eindringlich fest, was ehrliche Heiler weltweit zugeben:

Kein Mensch kann einen anderen Menschen heilen!

Die Chinesen, die uns Europäern ja kulturell ein paar tausend Jahre voraus sind, definieren deshalb den Arzt als „weisen Ratgeber". Das heißt,

der Patient muß sich selbst heilen,

– der Arzt gibt lediglich Ratschläge, wie der Patient dies anfangen soll.

Das gleiche gilt natürlich für einen Psychotherapeuten. Keinem Therapeuten ist es jemals gelungen, einen Patienten von einer schweren Neurose oder Depression zu heilen. Durch die Art der Gesprächsführung und den Einsatz von Psychopharmaka ermöglicht der Therapeut seinem Patienten, aus den ewig gleichen Denkschablonen auszubrechen und durch das Beziehen neuer Standpunkte dem Kranken *Einsichten in die Struktur seines „Schattens"* zu vermitteln, die letztlich (im günstigsten Falle!) einen Durchbruch in ein dem Patienten entsprechendes Verhalten ermöglichen. Denn der Patient muß lernen, sich als den zu akzeptieren, der er ist und sich zu gestatten, entsprechend seinen Anlagen auch außerhalb der bürgerlichen Norm zu leben und glücklich zu werden. Im übrigen haben viele Psychotherapeuten eben diesen Beruf (und keinen anderen!) gewählt, weil sie selbst der Hilfe bedürftig sind: sie versuchen, über den Umweg der Patientenprobleme, ihren eigenen „Schatten" aufzuhellen!

Fazit: Die „Erfolge" der Psychotherapie werden heute weltweit angezweifelt – aus Erfahrung, die bekanntlich klug macht. *Deshalb sollte jeder Coach die Finger von diesem Gebiet lassen:* er kann hier kaum Erfolge erzielen. Gelegentlich könnte er indessen von Patienten Komplexe auf sich übertragen, von deren Existenz er früher keine Ahnung hatte …

Nun gibt es immer wieder Fälle, in denen man als Coach einem Klienten besser helfen kann, wenn man ihm psychologische Tatsachen klarmacht. Vor allem intelligente Hilfesuchende wollen wissen, was für psychologische Fehler sie gemacht haben. Ohne nach Art der Psychoanalytiker in den unbewußten Tiefen des Klienten zu wühlen, wobei man nie weiß, was da an Fürchterlichem zum Vorschein kommt, *begnügt man sich als Coach weise damit, psychologische Zusammenhänge transparent zu machen;* zum Beispiel den Einfluß eines überdimensionierten EGOS, das sich in hemmungsloser Machtentfaltung manifestiert; oder den stummen Befehl eines längst verstorbenen Vaters: „Du mußt immer der Beste sein!"

Vor kurzem rief mich ein junger Mann an, diplomierter Betriebswirt, und bat, mich interviewen zu dürfen. Auf meine Frage, warum er dies wolle, antwortete er schlicht und ergreifend: „Ich interviewe erfolgreiche Leute, um hinter ihre Tricks zu kommen!" „Und was ist Ihr Berufsziel?" fragte ich. „Wenn ich die Tricks Erfolgreicher kenne, lasse ich mich als Coach nieder und gebe sie an Manager weiter!"

Diese Episode demonstriert zweierlei: zum einen, daß manche jungen Leute keine Ahnung haben, worauf ein Erfolg beruht – nämlich auf der Super-Leistung eines unternehmerischen Visionärs. Mit „Tricks" wird man nicht erfolgreich! Und zum zweiten: Ausgangspunkt jeder Leistung (oder Minderleistung) ist der Charakter eines Menschen. Das gilt für einen Führer genauso wie für einen Helfer. Mit dieser Erkenntnis wird indessen sofort eine andere Frage akut: *Warum* will ein Mensch anderen helfen?

Wolfgang Schmidbauer („Die hilflosen Helfer", Rowohlt, 1980) stellt dazu fest, daß dem Helfenwollen ein letzten Endes egoistisches Motiv zugrunde liege. Der hilflose, weil selbst neurotische Helfer ist durch ein *Helfer-Syndrom* charakterisiert, das von Schmidbauer so beschrieben wird: „Die zur Persönlichkeitsstruktur gewordene Unfähigkeit, eigene Gefühle und Bedürfnisse zu äußern, verbunden mit einer scheinbar omnipotenten, unangreifbaren Fassade im Bereich der sozialen Dienstleistungen." Dann bringt Schmidbauer seine Beschreibung auf den Punkt: „Die innere Situation eines Menschen mit Helfer-Syndrom läßt sich in einem Bild beschreiben: Ein verwahrlostes, hungriges Baby hinter einer prächtigen, starken Fassade."

Ich hoffe, daß das böse Bild Schmidbauers nicht auf Sie zutrifft, verehrte Leser. Allerdings sind Bescheidenheit und Demut am Platze, wenn man sich als Helfer ausgeben will. Ich empfehle deshalb allen, die als Coach arbeiten wollen, sich an die folgenden Ratschläge zu halten:

● Versuchen Sie zunächst eine Antwort auf die Frage zu finden: „Wer bin ich?" Dies ist die wichtigste Frage im Leben eines jeden Menschen. Ohne wenigstens annähernde Klarheit über sich selbst können Sie auch Ihren Klienten nicht zur Klarheit verhelfen.

● Fragen Sie sich als nächstes, *warum* Sie sich als Coach betätigen wollen. Und gestehen Sie sich ein, daß diese Berufswahl möglicherweise der Erhöhung Ihres EGOS dienen soll. Dies ist nicht zu verurteilen, weil *alle* Menschen dieses Ziel haben. Warum sollten ausgerechnet Coaches eine Ausnahme machen?

● Hüten Sie sich vor zwei ruinösen Vorstellungen: daß Sie aus purem Edelmut zum Helfer werden wollen und daß es Ihnen gelingen werde, aus neurotischen Managern wieder „normale" Menschen zu machen.

● Ihre Aufgabe als Coach besteht in erster Linie darin, zusammen mit Ihrem Klienten herauszufinden, welche Eigenschaften und Fähigkeiten dieser aufweist – und warum er damit ein vorgegebenes Ziel nicht erreicht hat.

● Bilden Sie sich nicht ein, die Persönlichkeitsstruktur eines Erwachsenen ändern zu können! So ein Mensch hat sich in Jahrzehnten zu der Persönlichkeit entwickelt, die er heute darstellt – sie entspricht seinem persönlichen Schicksal!

● Versuchen Sie statt dessen, einen Klienten zu bewegen, daß er sich künftig *ausschließlich* auf dem Sektor seiner größten Stärke bewegt – und andere Anforderungen, denen er nicht genügen kann, von sich weist!

● Machen Sie einem hilfesuchenden Manager klar, daß Sie ihn nur wie ein Pferd zum Brunnen führen können – saufen muß er selber! Mit anderen Worten: Ohne Selbstmotivation und echte Anstrengungen wird ein mehr oder weniger „ausgebrannter" Manager die Talsohle nicht überwinden!

Schließlich sollte, nach meinen persönlichen Vorstellungen, ein Coach wie folgt beschrieben werden können:

- Er sollte eher vierzig als dreißig Jahre alt sein – sonst wird er wegen seiner Jugend als Ratgeber nicht akzeptiert!
- Er sollte nicht nur von akademischer Theorie beleckt sein, sondern vor allem Lebens- und Berufserfahrung zur Verfügung stellen können.
- Er sollte sich, im Umgang mit seinen Klienten, jeglicher moralischer Wertung enthalten. Schließlich gleicht die Coach-Gesprächssituation nicht jener im Beichtstuhl!
- Er sollte niemals anstreben, zu seinem Klienten eine persönliche Beziehung herzustellen. Der Klient erwartet eine gefühlsneutrale Analyse – und Hinweise, wie er trotz seiner Schwachstellen die von ihm geforderten Leistungen erbringen kann.

Es ist Ihnen wohl mittlerweile klargeworden, daß ich nur einen Ausschnitt aus dem Gesamtspektrum des Coaching abhandeln will: *Wie man Managern über den Berg hilft.* Über das Coachen, d. h. die Instruktion von Mitarbeitern, z. B. hinsichtlich einer optimalen Zusammenarbeit im Team, gibt es bereits genügend Literatur.

Wer können nun jene Menschen sein, die ich bisher summarisch als „Coach" bezeichnet habe?

- Unternehmensberater, die quasi automatisch in eine Coach-Rolle hineinwachsen.
- „Weise" Persönlichkeiten jedweder Herkunft aus beiden Geschlechtern, die das Vertrauen gestreßter Manager/innen genießen und aufgrund ihrer Lebenserfahrung Hilfe zur Selbsthilfe anbieten können.
- Gereifte Frauen, die beispielsweise als Chefsekretärinnen oder Assistentinnen gearbeitet haben und Stärken und Schwächen von Managern aus Erfahrung kennen.
- Partnerinnen eines Managers, die sich, weil sie mit ihm nicht verheiratet sind, ihre Eigenständigkeit als Persönlichkeit bewahrt haben. Solche Frauen können, mit Einfühlungsvermögen und Klugheit, für einen „zerzausten" Manager oft mehr tun als ein „gelernter" Therapeut.

Kurzum: Dieses Buch ist für jene geschrieben, die es sich, von ihrer Persönlichkeitsstruktur her, *zutrauen*, einem Menschen in verantwortlicher

Position zu helfen, aus einer Krise herauszufinden. Dazu erhält so ein „Coach" Anleitungen „aus erster Hand" in den folgenden Kapiteln.

Last not least muß erwähnt werden, daß dieses Buch auch für Manager wertvoll sein kann, die mit dem Gedanken spielen, sich einem Coach anzuvertrauen. Sie werden durch die Lektüre einen Maßstab für die Beurteilung eines Beraters gewinnen, der sich ihnen als Coach andient.

Ich hoffe, verehrte Leserinnen und Leser, daß dieses Vorwort Ihr Denken in die „richtigen" Bahnen gelenkt hat! Nämlich dahin, den Coach-Beruf als eine nüchterne Beschäftigung zu sehen, bei der eine fachlich fundierte Leistung zugunsten eines hilfsbedürftigen Managers zu erbringen ist. Eine Leistung, die von einem psychisch ausgeglichenen Menschen kommt, der tolerant und zur Hilfe fähig ist, weil ihm das Leben schon eine Reihe von Blessuren zugefügt hat.

In diesem Sinne wünsche ich Ihnen Erfolg bei Ihrer Tätigkeit als „Coach" – einer Tätigkeit übrigens, die eine außerordentliche Steigerung Ihres Selbstwertgefühles im Gefolge haben kann!

W-8063 Odelzhausen, im März 1992

Michael Birkenbihl

Teil 1

Psychologische Vorarbeit für erfolgreiches Coaching

Die Macht des Unbewußten

1. Archetypen-Analyse

Im „kollektiven Unbewußten" jedes Menschen sind Ur-Bilder unserer Entwicklung beheimatet, von C. G. Jung „Archetypen" genannt. Diese Archetypen beeinflussen unser Fühlen und Denken und damit unser Verhalten. Uns interessieren hier, mit Beziehung auf das Management-Coaching, drei: der „Wanderer", der „Krieger" und der „Magier".*

Bevor wir uns mit diesen drei Typen auseinandersetzen, wollen wir eine Selbstanalyse „vorschalten". In der folgenden Archetypen-Analyse stehen 18 Statements. Hinter der Nummer jedes Statements finden Sie einen leeren Platz. Dort können Sie eine Ziffer von „0" bis „4" eintragen: je nachdem, wie oft Sie die beschriebene Einstellung bereits für sich akzeptiert und damit „gelebt" haben. „0" bedeutet „nie", „1" bedeutet „selten", „2" bedeutet „gelegentlich", „3" bedeutet „oft" und „4" bedeutet „sehr oft". Also, beginnen Sie!

1. ___ Ich setze mein gesamtes Energiepotential ein, um mich zu beweisen und erfolgreich zu werden.

2. ___ Ich fühle mich anderen Menschen überlegen, weil ich ein mich aktivierendes Weltbild besitze, mehr arbeite als der schlafende Durchschnitt und erfolgreicher bin.

3. ___ Wenn ich beobachte, was mich bei anderen stört, erfahre ich etwas über meinen „Schatten".

4. ___ Seit ich neue Einsichten gewonnen und mich dadurch verändert habe, hat sich auch meine Welt grundlegend verändert. Auf einmal läuft alles „wie geschmiert" – was ich beginne, führt auch zu einem guten Ende.

5. ___ Auf die Frage „Wer bin ich?" habe ich noch keine befriedigende Antwort gefunden. Ergebnis: Meine Identität muß sich erst noch herauskristallisieren.

6. ___ Ich betrachte Freiheit als das höchste Gut – deshalb hüte ich mich, mit vielen Menschen vertraut zu werden. Jede Bindung engt mich ein.

7. ___ Ich setze mich bis zum Untergang für Werte ein, an die ich glaube. Und was ich an Tendenzen oder an Aktionen für schädlich halte – dagegen kämpfe ich mit aller Kraft!

---

* Die Anregung zu dieser Archetypenauswahl und -analyse verdanke ich Carol S. Pearson in ihrem Buch „Der Held in uns" (Knaur, 1990).

8. ___ Ich wünsche, daß mein Leben Veränderungen in dieser Welt bewirkt.

9. ___ Ich habe eine eigenartige Feststellung gemacht: wenn ich meine Einstellung ändere, verändert sich auch meine Umgebung.

10. ___ Ich habe einen Sinn für mein Leben entdeckt, fühle mich gut und bin dafür dankbar.

11. ___ Im großen ganzen fühle ich mich recht einsam: doch habe ich das Gefühl, daß ich mich ohne fremde Hilfe weiterentwickeln kann.

12. ___ Ich liebe Aktivitäten auf den verschiedensten Gebieten, vom Reisen über neue Hobbys bis zur Teilnahme an Kursen – weil ich dadurch nicht nur etwas über die Welt, sondern auch über mich lerne.

13. ___ Wenn ich schöpferisch tätig bin und etwas Neues schaffe – dann fühle ich mich am ehesten als mich selbst. Da verschwinden alle Identitätsprobleme.

14. ___ Das Leitmotiv meines Lebens ist der Ehrgeiz: Ich genieße es, zu gewinnen und hasse es, zu verlieren.

15. ___ Zur Zeit erlebe ich eine Phase des Neuanfanges – ich wechsle in ein neues Gebiet und fühle mich ausgesprochen wohl.

16. ___ Herausforderungen beantworte ich immer mit Kampf! Kompromisse sind für mich undenkbar.

17. ___ Wenn ich gewissermaßen in meiner Mitte ruhe, scheinen sich auch die Menschen meiner Umgebung zu beruhigen.

18. ___ Mein bisheriges Leben bestand vorwiegend aus harten Zeiten – aber ich habe gelernt, damit umzugehen.

Auswertung:
Tragen Sie die Ziffern (von 0 bis 4), die Sie neben die einzelnen Aussagen geschrieben haben, in die Tabelle ein und ermitteln Sie die Summe pro senkrechter Kolonne.

Wanderer		Krieger		Magier	
Frage-Nr.	Ihre Punkte	Frage-Nr.	Ihre Punkte	Frage-Nr.	Ihre Punkte
5		1		3	
6		2		4	
11		7		9	
12		8		10	
15		14		13	
18		16		17	
Summe:		Summe:		Summe:	

Die höchste Summe von den dreien läßt erkennen, welcher Archetyp aus Ihrem Unbewußten heraus *zur Zeit* Ihr Leben beherrscht. Die Einflüsse der beiden anderen Archetypen ergeben sich ebenfalls aus der Höhe der jeweils errechneten Summe. Der dominierende Einfluß eines Archetypen, zum Beispiel des „Kriegers", muß nicht das ganze Leben hindurch anhalten: Ein „Krieger" kann sich auch zum „Wanderer" oder „Magier" wandeln. Deshalb ist das Ergebnis dieser Analyse quasi eine Momentaufnahme!

Nun: Welchen Einfluß können die drei Archetypen auf Ihr Leben haben? Was stellen sie vor?

Der „Wanderer"

Menschen, deren Verhalten vom Typ des „Wanderers" dominiert wird, machen sich, wie der „verlorene Sohn", auf den Weg, um dem Unbekannten entgegenzutreten. Für den „Wanderer" ist das Leben ein Abenteuer.

Beim Aufbruch in neue Gefilde legt der „Wanderer" die alten gesellschaftlichen Rollen ab, die er sich einst zu eigen gemacht hatte, um sich sicherfühlen zu können. Jetzt versucht er zu entdecken, was er ist und was er will.

„Wanderer" können Selfmademen, Karrierefrauen oder am Rande der Gesellschaft lebende Hippies sein – auf jeden Fall werden sie sich in direktem Gegensatz zu einer konformistischen Norm definieren. Sie mißtrauen orthodoxen Lösungen, ganz gleich auf welchem Gebiet. Sie stellen Autoritäten in Frage und suchen ihre eigenen Wahrheiten. Mit anderen Worten: Die Identität des „Wanderers" ergibt sich aus seinem Außenseiterdasein.

Der „Krieger"

Der Archetyp des „Kriegers" lehrt uns, unsere Kraft in Anspruch zu nehmen und unsere Identität in der Welt zu behaupten. Er meint, daß wir ein Recht hätten zu leben und ist stets bereit, dieses Leben auch zu verteidigen. Während der „Wanderer" bei Auftreten einer Gefahr in volle Deckung geht, stellt sich der „Krieger" sofort dem Kampfe. Im übrigen setzt er Ziele und steckt die Grenzen möglicher Aktionen ab. Deshalb sind erfolgreiche Unternehmer „Krieger"-Typen.

Der „Krieger" zeigt Charakter: Er erkennt jene Dinge, die den Geist schwächen, nennt die Wahrheit beim Namen und bekämpft alles „Schlechte". Insofern ist er ein „Gesinnungstäter".

Die Entwicklung der „Krieger"-Fähigkeiten ist für ein gelungenes Leben unabdingbar. Aber: Menschen, die sich auf ihrer Innenreise nicht einige Zeit mit dem Archetyp des „Wanderers" beschäftigt haben, können nur Pseudo-„Krieger" sein. Menschen, die mit dem Kämpfen beginnen, bevor sie sich mit ihrer Identität auseinandergesetzt haben, können keine echten „Krieger" sein: ihnen fehlt es an Substanz.

Der „Magier"

Der Archetyp des „Magiers" legt Gewicht vor allem auf das schöpferische Element im Menschen. Wir erschaffen unsere Welt und sind daher verantwortlich für unser Leben. Daraus folgt: Es ist unmöglich, kein Magier zu sein. Wir können nicht leben, ohne das Leben zu gestalten – wiewohl es da große Unterschiede in der „Potenz" der „Magier" gibt: manche sind noch „grün", andere „ausgereift".

Die wichtigste Aufgabe im Leben eines „Magiers" ist es, sein Selbst neu zu formieren.

Dazu gehört zunächst das Finden einer Antwort auf die Frage „Wer bin ich?" – aber in einer erweiterten Form: Was beinhaltet mein „Schatten"?

Der Schatten enthält zum einen verdrängte, ins Unterbewußtsein „abgeschobene" Erlebnisse sowie nicht ausgelebte Anlagen. Gerade deshalb versuchen solche Anlagen und Eigenschaften, „ans Licht der Sonnen" zu gelangen. Da sie sich, vom EGO ungewollt und unerkannt, in unser Leben einmischen, werden wir keine innere Balance finden, solange es uns nicht gelungen ist, unseren Schatten aufzuhellen.

Wie ich andernorts beschrieben habe („Schnellkurs zum Lebenskünstler", mvg, 1992), gibt es zwei Methoden, um Teile des Schattens zu erkennen: erstens durch das Beobachten, was man an anderen bekämpft; und zweitens, indem man die Mitmenschen als „Spiegel" betrachtet, die uns erkennen lassen, was in uns steckt – falls uns daran gelegen ist!

Fazit: Wer Einsicht in sein seelisches Innenleben gewonnen hat, ist fähig, sich in Freiheit auszuleben: ohne das Bedürfnis, zu kämpfen – doch mit der Möglichkeit, Visionen einer „guten und gerechten Welt" zu erschaffen, in der er leben und andere beeinflussen kann. So gesehen ist der „Magier" ein großer Verwandler.

Verehrte Leserinnen und Leser: Was hilft Ihnen das Wissen um die Archetypen bei Ihrer Arbeit als Coach? Eine Menge! Zunächst ergeben sich aus den Beschreibungen folgende Umsetzungen in die Management-Praxis:

- Ein Manager, der sich Ziele setzt und alle Widerstände bei deren Realisierung niederkämpft, ist immer vorwiegend vom Archetyp „Krieger" beeinflußt.
- Der Manager als „Krieger" hat keine Probleme mit seiner Identität und behauptet sich deshalb als Persönlichkeit im Lebenskampf.
- Der Manager als „Krieger" ist von der Richtigkeit seines Denkrahmens (Paradigma) überzeugt und verteidigt seine Weltanschauung vehement, wenn sie in Frage gestellt wird.
- Der Manager als „Krieger" fühlt sich in einer streng gegliederten Hierarchie am wohlsten und teilt unkritisch die konventionellen Anschauungen seiner Organisation. Deshalb sind ihm Abweichler aller Art verdächtig.

- Der Manager als vorwiegend „Wanderer"-Archetyp ist hauptsächlich mit seiner Selbstfindung beschäftigt, wozu er ein möglichst ungebundenes Leben benötigt.

- Der Manager als „Wanderer" liebt vor allem seine Freiheit und versucht, jede Einbindung in „normale" gesellschaftliche Zwänge zu vermeiden. Deshalb fühlt er sich auch in einer Unternehmenshierarchie nicht wirklich zu Hause – was er sorgsam zu verschleiern trachtet.

- Sein Drang, die Welt und fremde Völker kennenzulernen, läßt den „Wanderer"-Manager danach streben, beispielsweise in internationalen Vertriebsorganisationen tätig zu sein – und dauernd auf Reisen. Jedenfalls ist er als „Ehekrüppel" in einer Unternehmenszentrale fehl am Platze.

- Den Status „Magier" erreicht ein erfolgreicher Manager in der Regel nie. Denn der „Magier" hat das Ringen um Erfolg und Status bereits hinter sich. Sein Streben gilt seiner Selbstentfaltung, dem Erreichen von Weisheit und der Verbreitung einer Lebensphilosophie, die man etwa mit „esoterisch" umschreiben könnte.

- Da kein Mensch nur von einem Archetyp beeinflußt wird, sollte man als Coach darauf achten, welche *Archetypen-Mischung* in einem Klienten zum Vorschein kommt.

Ich gebe Ihnen, zu Studienzwecken, meine eigene Archetypen-Konfiguration preis:

Wanderer	Krieger	Magier
13	17	16

Aus diesem Beispiel ersehen Sie, daß Archetypen-Analysen stets eine *Momentaufnahme* darstellen. Mein Analyseergebnis ist das eines siebzigjährigen Mannes mit einer reichen Lebens- und Berufserfahrung einerseits – und der ständigen Bemühung um seelische Weiterentwicklung andererseits. Also: Der „Krieger" ist gerade noch vorherrschend, was auf Engagement im Beruf schließen läßt. Doch als „Wanderer" bin ich, wie der „verlorene Sohn", immer auf der Suche nach Neuem in mir und außerhalb gewesen und stets ein Außenseiter – gemessen an „normalen" bürgerlichen Normen. Die relativ hohe „Magier"-Ziffer 16 weist mich als einen Suchenden in einem quasi religiösen Sinne aus (der sich seit Jahrzehnten mit Esoterik beschäftigt).
Fazit: Als Manager in unserer Leistungsgesellschaft wäre ich ungeeignet.

Nun, als Kontrastprogramm, die Analyse eines meiner Klienten: eines erfolgreichen, aber menschlich umstrittenen Haupt-Abteilungsleiters:

Wanderer	Krieger	Magier
9	21	5

Dieser „Vollblut-Manager" hat es offensichtlich nicht geschafft, in seiner „Wanderer"-Periode eine widerstandsfähige Identität zu entwickeln. Das kann zur Folge haben, daß er in seinen beruflichen Leistungen immer wieder Talsohlen aufweist, deren Ursache er sich nicht erklären kann. Er ist, weil ihm die eigene Mitte fehlt, zu sehr von der Meinung seiner Umwelt abhängig. Und da er es nicht erreicht hat, über den Dingen zu stehen, ist er auch kein bißchen weise: ein „Fünfer-Magier" halt – und das wär's dann schon …

2. Zur symbolischen Bedeutung der Genesis

Wie heute jeder Gebildete weiß, der sich über den Urknall und die Evolution Gedanken gemacht hat, ist die Bibel kein Tatsachenbericht, sondern eine Sammlung symbolischer, sehr bildhafter Darstellungen. Symbole stehen ja immer für etwas, das durch die Sprache nicht konkret darstellbar ist. Das schmälert allerdings deren Bedeutung keineswegs.

So lesen wir im 1. Buche Mose, Vers 9: „Und Gott sprach: Es sammle sich das Wasser unter dem Himmel an besondere Orte, daß man das Trockene sehe. Und es geschah so. Und Gott nannte das Trockene Erde, und die Sammlung der Wasser nannte er Meer. Und Gott sah, daß es gut war."

Was erfahren wir aus dieser Beschreibung?

Etwas überspitzt formuliert, folgendes: *Das Wasser war vor dem Land da. Die „Sammlung der Wasser" muß, infolge der größeren Masse, auch größere Bedeutung haben als das Land.*

3. Wasser und Land als esoterische Symbole

Die Esoterik, jene uralte Geheimwissenschaft, deren Grundlagen Astrologie, Kabbala, Tarot und Alchimie sind, deutet die Symbolsprache der

Bibel in eigener Weise. So steht „Wasser" für „das Weibliche" und „Land"
für „das Männliche". Unter diesem Gesichtspunkt erfährt obiges Bibel-
zitat eine Nuancierung:

1. Das Weibliche war vor dem Männlichen da.
2. Dem Weiblichen kommt, hinsichtlich Qualität und Tiefe, eine viel
   größere Bedeutung als dem Männlichen zu.

Für jene Psychotherapeuten, die Reinkarnationstherapie betreiben, ist es,
aufgrund der Aussagen ihrer in frühere Leben zurückgeführten Patienten,
völlig klar, welche Bedeutung „Wasser" und „Land" für die Seele eines
jeden Menschen haben. Huldigen wir also einmal der „Philosophie des als
ob" und informieren uns – möglichst unvoreingenommen – über die
Einflüsse von „Wasser" und „Land" auf das Verhalten der Menschen.

Bekanntlich wird das Verhalten jedes Menschen, aus psychologischer
Sicht, durch drei geistige Aktivitäten bestimmt: Denken, Fühlen, Wollen.
Das „Wasser" steht für das „Fühlen".

Wenn irgendein Ereignis *von außen* auf das Wasser, das „Meer der
Gefühle", trifft, hinterläßt es einen *Eindruck*. Dieses Geschehen nennen
Psychologen einen „Affekt". Dieser Affekt erzeugt nunmehr, wie ein ins
Wasser geworfener Stein, Unruhe in der Umgebung der „Einschlagstelle".
Das so bewegte oder sogar aufgewühlte Wasser kommt allmählich wieder
zur Ruhe – aber die Erinnerung an diese „Anmutung" (Philipp Lersch)
bleibt „für ewige Zeiten" erhalten. Das bedeutet: *Die Gefühle bilden den
Kern jeder Erinnerung* – das Ereignis als solches tritt oft nur verschwom-
men oder gar nicht mehr zutage. Beispiel: Ein ungewolltes Kind wird von
seiner Mutter mißhandelt und mit drei Jahren zur Adoption freigegeben.
Die Mutter hatte eine Vorliebe für rote Blusen. Als Erwachsener wird
dieser Mensch aggressiv oder deprimiert, wenn eine rote Bluse in sein
Blickfeld gelangt – wobei er sich an die Erlebnisse seiner Kleinkindzeit
nicht erinnert! Mit anderen Worten: Negative Gefühle tauchen bei „Rot"
wieder auf und *verursachen eine unerklärliche Verhaltensänderung*.

Was ist, aus psychologischer Sicht, über das Wasser noch anzumerken?
Das Wasser hat *Tiefe* und beinhaltet stets ein (Er-)Leiden. Deshalb die
Angst der Menschen vor der (Gefühls-)Tiefe.

Als Fetus und Säugling gleicht ein Menschlein, wie der Urmensch einge-
hüllt in die unbewußten Bereiche von Natur und Körper, von Pflanze und
Tier, einem Reptil: Es lebt, völlig eingebettet in die Umgebung, unbewußt.

Oder, anders formuliert: Das kleine Menschlein „lebt im Wasser" und ist deshalb sehr beeindruckbar. Bis sich „Wasser" und „Land" getrennt haben …

Das Wasser ist die „Lagerhalle" aller erlebten Gefühle, die ja Manifestationen von Erlebnissen sind. Deshalb sagt Peter Orban („Seele", Hugendubel, 1991): „Das Wasser ist das Arsenal der Vergangenheit: die Vergangenheit hält mich fest."

Mit diesem Wissen wird auch einsehbar, daß die Summe aller bisher erlebten Gefühle bei jedem Menschen eine Art „Gefühlstonus" erzeugt hat: So, wie wir einen konstanten Muskeltonus aufweisen, den wir brauchen, um jederzeit schnell agieren bzw. reagieren zu können, haben wir einen relativ konstanten Gefühlstonus, der unser gesamtes Denken emotional „einfärbt". Dieses „Einfärben" findet im „Limbischen System" statt, einer Region des Mittelhirns, wo Gefühle in spezifischen Arealen „lokalisiert" sind.

Die Chinesen bezeichnen unseren weiblichen Seelenanteil, das „Wasser", als YIN und den männlichen, „Land", als YANG. Stellt man nun beider Inhalte gegenüber, so ergibt sich schlagartig deren Einfluß auf das Verhalten des Menschen.

Yin	**Yang**
(„Wasser")	(„Land")
weiblich	männlich
gefühlsbetont	verstandesbetont
bewahrend	fordernd
empfänglich	aggressiv
kooperativ	wettbewerbsorientiert
intuitiv	rational
nach Synthese strebend	analytisch

Dazu bemerkt Fritjof Capra in seinem Buch „Wendezeit" (Scherz, 1983):

> Sieht man sich diese Liste von Gegensätzen an, erkennt man sofort, daß unsere Gesellschaft ständig das Yang gegenüber dem Yin höher bewertet hat – rationale Erkenntnis galt immer mehr als intuitive Weisheit, Wissenschaft mehr als Religion, Konkurrenz mehr als Kooperation, Ausbeutung von Naturschätzen war wichtiger als ihre Bewahrung, und so weiter. Diese Betonung des Yang, noch unterstützt

durch das patriarchalische System, hat zu einem tiefgreifenden kulturellen Ungleichgewicht geführt, das seinerseits die Wurzel unserer heutigen Krise ist – mangelndes Gleichgewicht in unserem Denken und Fühlen, unseren Wertvorstellungen und Verhaltensweisen sowie in unseren gesellschaftlichen und politischen Strukturen.

Für uns, verehrte Leserinnen und Leser, die wir uns im Teil I dieses Buches mit der Individualpsychologie beschäftigen, also mit den Verhaltensweisen des einzelnen, erhebt sich beim Überdenken der Feststellung Capras die Frage: Woher kommt es, daß die Yang-Typen so überwiegen? Diese Frage ist mit unserem „Wasser-Land"-Modell zu beantworten.

Grundsätzlich sollte berücksichtigt werden, daß die „Wasser"- bzw. „Land"-Anteile in einer menschlichen Seele nicht gleich stark vorhanden sind. *Wie indessen das Verhältnis „Wasser": „Land" in einer einzelnen Menschenseele ist, wird durch die Identifikation mit den Eltern entschieden.*

Angenommen, ein Ehepaar ist „normal" ausgestattet, womit gemeint ist, daß der Vater in seinem Seelenbereich mehr „Land" und die Mutter mehr „Wasser" aufweist, so wird, beispielsweise, ein Sohn ebenfalls mehr „Land" aufweisen, wenn er sich stärker mit dem Vater als mit der Mutter identifiziert hat. Besteht aber eine innigere Beziehung zur Mutter, so wird der Sohn eine „Wasserseele", obgleich er physisch männlichen Geschlechts ist! Dieser Sohn wird sich – unbewußt! – später eine Lebensgefährtin suchen, die eine „Landseele" ist, weil niemals „Wasser" zu „Wasser" oder „Land" zu „Land" geht!

Bekommt nun dieses Ehepaar ein Kind, so wiederholt sich das Spielchen: Ist es beispielsweise eine Tochter und identifiziert sich mehr mit ihrem „Wasser"-Vater, so wird ihre Seelenlandschaft ebenfalls eine „Wasser"-Landschaft sein. Dieses Mädchen wird sich also eines Tages zu einem „Vollweib" auswachsen, da sie doppelbelastet weiblich ist: durch ihre Seelenkonfiguration und ihr Geschlecht.

Nun können wir also die vorhin aufgeworfene Frage beantworten: Da wir europäischen Abendländer seit zweitausend Jahren in einem patriarchalischen System leben, wo der Mann alles und die Frau so gut wie nichts galt, ist anzunehmen, daß die Identifikation mit den sich in der Überzahl befindlichen „Land"-Vätern fortdauernd „Land"-Söhne zur Folge hatte. Konsequenz aus dieser Überlegung für uns Heutige: Um eine Gesellschaft hervorzubringen, in der peu à peu die „Landseelen" abnehmen und die

„Wasserseelen" zunehmen, wodurch es bei uns humaner zuginge, wird es wahrscheinlich weitere tausend Jahre benötigen. Es ist also nicht damit zu rechnen, daß Kriege und Völkermorde, diese klassischen Männerspiele, in absehbarer Zeit weniger häufig auftreten werden.

4. Auswirkung der Identifikation mit einem Elternteil

„Land-Vater"	„Wasser-Mutter"	„Wasser-Vater"	„Land-Mutter"

Verehrte Leserinnen und Leser: Wenn es Ihnen damit ernst ist, sich zur Vorbereitung auf das Coaching erst einmal Klarheit über den eigenen Seelenhaushalt zu schaffen, dann nehmen Sie die folgenden Überlegungen bitte nicht zu leicht. Vor allem auch deshalb, weil sie von der Schulpsychologie, trotz ihrer Wichtigkeit, viel zu wenig berücksichtigt werden. Also: Sind Sie, verehrter männlicher Leser, ganz sicher, daß Sie psychisch ein Mann sind? Bevor Sie überzeugt „Ja!" sagen, denken Sie einmal über folgende Thematik nach:

Wer von Ihren Eltern (oder Adoptiv- bzw. Pflegeeltern) hatte „die Hosen an"? Der Vater? Die Mutter? Und mit wem von beiden haben Sie sich identifiziert? Das heißt: Haben Sie sich mehr zum Vater oder zur Mutter hingezogen gefühlt? Wer von beiden hat Sie mehr beeinflußt und durch spezielle „Programme" geprägt? Wenn Sie sich darüber schlüssig geworden sind, dann machen Sie bitte in obiger Tabelle ein Kreuzchen an die „richtige" Stelle. Damit Sie verstehen, warum ich so großen Wert auf diese Art Selbstanalyse lege, darf ich Ihnen einen kurzen Einblick in meine eigene Entwicklung anbieten:

Mein Vater, Studienprofessor in München, hatte meine (viel jüngere) Mutter geheiratet und mit ihr drei Söhne gezeugt, davon mich als Erstgeburt und „Stammhalter". Nach außen waren wir eine angesehene, fünfköpfige bürgerliche Familie. Und niemand (außer ein paar engen Freunden) zweifelte, daß der „Herr Professor" auch der „Herr im Hause" war. Weit gefehlt …

Mein Vater war, wie mir heute klar ist, ein „Wasser"-Mensch, ungeeignet für den Lebenskampf, weshalb er – sicherlich unbewußt – den Beamtenberuf gewählt hatte. Ohne jeden Ehrgeiz wartete er ab, bis die nächste

Beförderung fällig war. Im übrigen war er ein glänzender Pädagoge und pflegte sein Hobby, die Kunsthistorik. Auch auf diesem Sektor war er, wegen zahlreicher Veröffentlichungen in Fachzeitschriften, anerkannt.

Meine Mutter war ein „Land"-Mensch. Mit einem scharfen, analytischen Verstand ausgestattet, beherrschte sie meinen Vater – der hatte gegen sie gar keine Chance! Er versuchte sich gegen ihre Übermacht zu wehren, indem er oft in das Beleidigtsein flüchtete und dann tagelang nicht ansprechbar war.

Ich hatte zu meiner Mutter eine rein intellektuelle Beziehung, mit vielen interessanten Diskussionen – aber Zuneigung oder gar Liebe gab es von ihr zu mir nicht. Sie war im 6. Monat, als sie mit dem „Herrn Professor" – ganz in Weiß! – zum Traualtar schreiten mußte – das hat sie mir nie verziehen!

Ich habe mich sehr mit meinem Vater identifiziert, der mich stark geprägt hat. Ergebnis für mein Leben: Obwohl ich mich immer als „ganzer Mann" fühlte, mich im Krieg bewährt habe und beruflich, trotz mancher Umwege, erfolgreich geworden bin, bin ich – wie ich heute weiß – von meiner Seelenlandschaft her überwiegend „Weib", ein „Wasser"-Mensch.

Dies hatte zum Beispiel zur Folge, daß ich nie, weder beim Militär noch im Berufsleben, nach Karriere gestrebt habe. Ich wollte lediglich immer zu den Besten in meinem Fach gehören – wie mein Vater!

Nun habe ich andererseits, zum Teil als Folge meiner Intelligenz und meiner umfassenden Bildung, ein Super-EGO entwickelt, vergesellschaftet mit einem sehr empfindlichen Selbstwertgefühl: Ich bin leicht zu verletzen. Mitbekommen habe ich außerdem, von meinen bäuerlichen Vorfahren, eine gute Konstitution und ein ungeheueres Energiepotential. Diese Verbindung von Super-EGO und Energiepotential läßt mich manchen Zeitgenossen als herrschsüchtig erscheinen. Fehlanzeige! Ich bin eine dominierende Persönlichkeit; dafür kann ich aber nichts …

Daß ich eine „Wasser-Seele" bin, manifestiert sich u. a. darin, daß ich meine persönlichen Interessen immer nur halbherzig vertreten habe und deshalb als Angestellter oft von Unternehmern ausgenutzt worden bin. Auch künstlerisch war ich vielseitig engagiert. Schließlich sagt man mir ein gutes Einfühlungsvermögen nach, das allerdings zuweilen durch eine geradezu groteske Taktlosigkeit geschädigt wird. Na ja, niemand ist vollkommen …

Was mein sexuelles Verhalten betrifft, um auch diesen wesentlichen Punkt noch zu erwähnen, habe ich mich nie zu Männern hingezogen gefühlt. Allerdings hatte ich bei neuen Intimpartnerinnen anfangs immer „Startschwierigkeiten"; erst nach einiger Zeit „klappte" es, und ich habe mich dann als ausdauernder und geschickter Liebhaber erwiesen. Dies beweist mit, was ich eingangs bereits erwähnt habe: Kein Mensch weist *in der Regel* nur „Land"- oder „Wasser"-Anteile in seiner Seelenlandschaft auf. *Auf das „Mischungsverhältnis" kommt es an.* Doch gibt es ohne Zweifel Männer mit einen so stark dominierenden „Wasser"-Anteil, daß sie zu Homos werden. Und „Land"-Frauen, die sich lesbisch betätigen müssen.

Fazit: Ich habe mich mit meiner sicherlich überwiegend weiblichen Seelenlandschaft abgefunden und betrachte sie durchaus nicht mehr negativ – dazu besteht auch kein Grund! Andererseits haben mir diese Erkenntnisse Klarheit verschafft, warum ich mich im Laufe meines Lebens in bestimmten Situationen so und nicht anders entschieden habe.

Falls Sie, verehrte Leserinnen und Leser, meine Ausführungen zum Thema „Wasser" (Yin) und „Land" (Yang) akzeptieren, dann machen Sie bitte mit Hilfe der folgenden Aufstellung den ersten Schritt zur Selbstanalyse. Wenn Sie den Statements zustimmen können, machen Sie (mit einem weichen Bleistift) einen Kringel um die Numerierungsziffer. Wenn Sie einer Feststellung absolut nicht zustimmen können, dann lassen Sie diese aus. Also bitte: an die Arbeit!

5. *„Land-Wasser"-Analyse*

1. Das Risiko des Lebens muß man akzeptieren und ihm – auf allen Gebieten – entgegenarbeiten.
2. Leiden gehört zum Leben und muß in Demut ertragen werden ..
3. Sinnlichkeit ist ein Gottesgeschenk und gehört intensiv ausgelebt ..
4. Im Rahmen einer Hierarchie mit strengen Regeln lebt es sich am besten.
5. Nur Spontaneität macht das Leben interessant, Routine tötet es ab ..
6. Das Leben ist in erster Linie ein Machtkampf – und nur aggressiv zu bewältigen.
7. Nach einer ungerechten Behandlung sollte man einer Auseinandersetzung nicht aus dem Wege gehen.
8. Wer mich auf die linke Wange schlägt, bekommt zwei Schläge auf seine rechte zurück.

9. Klaglos eine Demütigung hinzunehmen kann ein Zeichen von Klugheit sein ..

10. Vor unvorhersehbaren Ereignissen Angst zu haben ist normal ..

11. Um Konkurrenten im beruflichen Machtkampf auszuschalten, darf man nicht „pingelig" sein.

12. Kooperation mit anderen Menschen, gleich welcher Hautfarbe und Religion, gehört zu den wichtigsten Lebensaufgaben ..

13. Sich in einer intimen Beziehung „fallen zu lassen" garantiert höchste Liebesfreuden ..

14. Der Verstand gehört vor allem dazu benützt, sein Leben zu planen und zu organisieren.

15. Eine Nobelpreis-reife wissenschaftliche Leistung zu erbringen, bedeutet die Krönung des Lebens.

16. Man soll Kindesliebe nicht zu weit treiben – sonst produziert man „schlaffe Typen".

17. Verständnis für Mitmenschen und ihre Probleme zu haben ist ein Zeichen psychischer Reife..

18. Sich andern gegenüber gefühlsmäßig zu öffnen bringt allein die Chance für echte zwischenmenschliche Beziehungen..

19. Erfolgreiche Karrieremenschen sehen alle anderen als potentielle Feinde.

20. Sich mit einem starken, sehr männlichen Vater identifiziert zu haben, kann nur von Vorteil sein.

21. Zärtliche Liebespartner geben und empfangen mehr an Glücksgefühl als Menschen mit starker Selbstdisziplin ..

22. Wer in der Gesellschaft nicht nach oben strebt, lebt vergeblich.

23. Fehlentscheidungen einzugestehen ist ein Zeichen von Schwäche.

24. Sich für einen geliebten Menschen aufzuopfern ist ein Zeichen von Edelmut ..

25. Gelegentlich bei einer Feier „die Sau rauszulassen" zeugt von Selbstsicherheit ..

26. Das äußere Erscheinungsbild durch modische Accessoirs zu verbessern ist sehr wichtig ..

27. Einem Lebenspartner gegenüber gefühlsbezogene Wünsche offen zu äußern spricht für ein gesundes Selbstwertgefühl ..

28. Andere zu beherrschen ist der größte Triumph, den man im Leben erzielen kann.

29. Ein angestrebter „Bombenerfolg" rechtfertigt allemal ein überhöhtes Risiko.

30. Ein Künstler, der in seinem Werk das Zeitgefühl offenlegt, ist für die Gesellschaft so wichtig wie ein erfolgreicher Manager ..

31. Eine Ehe mit Nachkommenschaft ist für die Gesellschaft wichtiger als das daraus resultierende Eheglück.

32. Seine Gefühle ausdrücken zu können ist wichtiger als logisch zu denken ..

33. Mitleid mit anderen weist auf Charakterschwäche.

34. Eine Vision zu realisieren rechtfertigt große persönliche Opfer.

35. Die Lebensqualität seiner Bürger steht über dem nationalen Prestige eines Staates ..

36. Arbeit in einem Unternehmen hat nicht den Zweck, Mitarbeiter glücklich zu machen.

37. Die Bindung in einer Lebens-Partnerschaft sollte grundsätzlich dauern „bis daß der Tod euch scheidet" ..

38. Sicherheitserwägungen sollten bei allen Entscheidungen Vorrang haben ..

39. Wer seiner Umwelt aus Prinzip stets fordernd entgegentritt, schlägt per Saldo am meisten für sich heraus.

40. Intuitive Erkenntnisse erweisen sich gegenüber Denkprozessen oft als richtiger ..

Zur Auswertung:

Die Anweisung dazu finden Sie auf Seite 165. Aber bitte erst dort nachsehen, **nachdem** Sie obige Analyse durchgeführt haben!

Ich habe bisher nur von männlichen Klienten gesprochen, die so einen Bogen ausfüllen. Eine Frau aus dem Mittel-Management käme „normalerweise" erfahrungsgemäß auf ein Verhältnis von 20:10 für die „Wasser"-Seite. Es gibt jedoch, wie wir alle wissen, auch „knochenharte" weibliche Führungspersönlichkeiten, wie etwa Margaret Thatcher; deren Verhältnis dürfte auch bei 25:5 „Land" liegen – denn dieser Herrschergestalt in einem Frauenkörper fehlt wohl alles, was man gemeinhin unter Begriffe wie „human, mitleidsvoll, sozial etc." zusammenfaßt.

Ich hoffe, verehrte Leserinnen und Leser, daß Ihnen jetzt die Bedeutung der männlichen bzw. weiblichen Seelenanteile und ihr Verhältnis zueinander klargeworden ist. Gehen wir einen Schritt weiter, zum nächsten Unterthema:

6. Die Geburt des EGO

In meinem Buch „Schnellkurs zum Lebenskünstler" (mvg, 1992) habe ich den Menschen als vom Reptiliendasein befreites Wesen zunächst in zwei „Etagen" eingeteilt, die ihn steuern: in das Unterbewußtsein und das (Ober-)Bewußtsein. Das Unterbewußtsein (mit seiner unzugänglichen Basis, dem „Unbewußten") ergibt den „Rahmen" unseres Seelenlebens. Dort finden wir auch die oben beschriebene Landschaft, die in „Wasser" und „Land" aufgeteilt ist. Über dieser Landschaft schwebt, wie Gottvater, unser Bewußtsein, das dem Menschen – als einzigem Lebewesen! – erlaubt, über sich selbst zu reflektieren. Dieses Bewußtsein habe ich, in Anlehnung an Peter Orban, mit einem alten Schausteller verglichen, der zwei Handpuppen führt: Mit der rechten Hand führt er den „Titan", der das EGO verkörpert und dauernd schreit: „Ich bin der Größte!" Mit der linken Hand führt er ein „plärrendes Kind", das versucht, den Titan von seinem beherrschenden Platz zu verdrängen, wobei es sich verschiedenster Techniken bedient: Es weint, trotzt und manipuliert den Schausteller, um zu seinem Ziele zu gelangen. Und dieses Ziel heißt immer: Lustgewinn! *Während also der Titan in erster Linie nach Macht strebt, geht es dem Kind um Lust.*

Da kein Mensch weiß, was die Seele wirklich ist, müssen wir uns zu ihrer Darstellung mit Symbolen behelfen. Insofern ist das Bild vom Schausteller und seinen Puppen hilfreich: Es erlaubt jedem, sich Erklärungen dafür zu erarbeiten, warum er in einer bestimmten Situation so und nicht anders gehandelt hat.

Wenn, um ein einsichtiges Beispiel zu bringen, eine zur Kur geschickte Ehefrau mit der Versuchung kämpft, der Werbung eines aufdringlichen, aber nicht unsympathischen „Kurschattens" nachzugeben, so wird das Kind begehrlich jauchzen, während der Titan wegschaut: Liebe ist das letzte, was ihn interessieren könnte.

Wenn sich andererseits ein Mann ein Auto gekauft hat, das für ihn zwei Nummern zu groß ist, so wird ihm vielleicht hinterher klar, daß bei dieser Entscheidung der Titan federführend gewesen ist – weil er stets „der Größte" sein will. Und da das Kind den Luxus liebt, hat es sich in diesem Fall mit dem Titan verbündet und dem Autokäufer den Erwerb des Luxusschlittens „gefühlsmäßig" nahegelegt. Das bedeutet aber: Wenn sich der Titan und das Kind verbünden, ist der Schausteller, unser kritisches Bewußtsein mit seinen moralischen Geboten, machtlos!

Nun gibt es mittlerweile neue Erkenntnisse über die Seele und ihr „Innenleben"; Erkenntnisse, die wir der Reinkarnationstherapie verdanken. Zu ihren führenden Vertretern in Deutschland gehört der Frankfurter Psychotherapeut Dr. Peter Orban (mit seiner Partnerin Ingrid Zinnel). Orbans Buch „Seele" (Hugendubel, 1991) ist intelligent geschrieben, sehr informativ und wirkt durch seine klare Sprache überzeugend. Schulpsychologen werden Orban vermutlich nicht schätzen, da er Vertreter einer „esoterischen Astrologie" ist – für Hochschulleute eine degoutante Angelegenheit ... Ich verdanke Orban und Partnerin jedenfalls fulminante Denkanstöße, die mich veranlaßt haben, mein bisheriges Bild von der Seele zu modifizieren.

Wie ich bereits erwähnt habe, wird der tiefste Kern der Persönlichkeit vom „Selbst" gebildet. An dieses Selbst kommen wir aber normalerweise nicht ran; unter anderem deshalb, weil unser EGO dies verhindert. Das EGO hat sich eine Wächterrolle angemaßt, die außerordentlich wirksam ist. Im übrigen ist sie auch notwendig: denn durch das EGO verkehren wir mit unserer Umwelt. Unser „hautverkapseltes EGO" (Alan W. Watts) befähigt uns überhaupt erst zur Kommunikation mit der Umwelt.

Ohne lange herumzureden, kann, „genial vereinfacht", festgestellt werden: Das EGO, der Titan, beinhaltet in erster Linie zwei Antriebskräfte, die unser Leben bestimmen: Machtstreben und Statussuche. Von diesen beiden Antrieben spielt ohne Zweifel das Machtstreben die größere Rolle: Das Leben ist vor allem ein Machtkampf, wie der geniale Freud-Schüler Alfred Adler als erster klar herausgearbeitet hat. (Deshalb hat er sich mit dem großen Meister [Freud] entzweit, der die „Libido" als wesentlichsten Antrieb postuliert hat.)

Nun gibt es eine gewisse Dialektik zwischen Macht und Status: Wer große Macht errungen hat, muß sich um Status nicht extra bemühen. Wer aber gezwungen ist, „weiter unten", das heißt mehr oder weniger machtlos, zu leben, versucht dieses Manko durch Statussymbole zu kompensieren. Was der Volksmund schon immer so kommentiert hat: „Wer angibt, hat's nötig!"

Kehren wir zu dem Bild unserer seelischen Landkarte aus „Wasser" und „Land" zurück, das Peter Orban auch benützt. Ich biete Ihnen, verehrte Leserinnen und Leser, dazu folgendes symbolische Gemälde an:

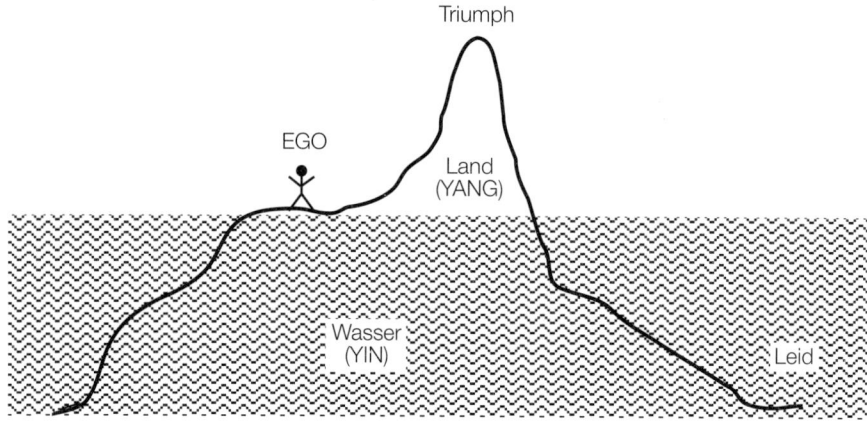

Nun sagt Peter Orban in seinem Buch „Seele" (Hugendubel, 1991) sinngemäß:

● EGO bedeutet in erster Linie „Wille zur Macht".
● „Land" bedeutet, daß der Berg wesenhaft zur Person gehört. Und weil der Berg nun einmal da ist, muß der YANG-Mensch hinauf!
● Das EGO ist die treibende Kraft des Mannes: Es zwingt ihn den Berg hinauf, damit er seinen Triumph erleben kann.

● Je näher das EGO bei seiner Bergbezwingung dem Gipfel kommt, desto mehr entfernt es sich vom „Wasser". Mit anderen Worten: Der Preis für eine erfolgreiche Karriere ist immer eine gefühlsmäßige Verarmung. (Nietzsche hat diesen Tatbestand so formuliert: „Je näher man dem Gipfel kommt, desto größer wird die Einsamkeit und die Kälte!")

Orban vertritt außerdem die Ansicht, daß sowohl vom „Wasser" als auch vom „Land" eine Art magnetischer Wirkung ausgehe, die das EGO zwinge, sich in dem einen oder anderen Areal der Seelenlandschaft aufzuhalten. Und er sagt ausdrücklich, der Mensch sei – in seinem Seelenbereich – entweder „Land"- oder „Wasser"-Bewohner: niemandes EGO könne quasi mit einem Fuß an „Land" und mit dem anderen im „Wasser" stehen.

Die Vorstellung einer „magnetischen" Wirkung auf das EGO macht Sinn. Sie ist ja auch die Basis der obigen „Land"-„Wasser"-Analyse. Daß allerdings der Mensch, hier in erster Linie ein Manager, sich *ausschließlich* in einem von den beiden Arealen aufhalten könnte, widerspricht meiner Lebens- und Berufserfahrung.

Da also das EGO (eines Managers) nicht ausschließlich vom „Land", also vom YANG-Zustand, beeinflußt wird, kann auch nicht gefolgert werden, daß *jeder* Manager von der Vorstellung besessen sei, den Gipfel zu erreichen, um dort in ein Triumphgeschrei auszubrechen. Woher kommt es eigentlich, daß es so viele Männer gibt, die sich mit einer Beschäftigung ohne Führungsfunktion begnügen? Und weshalb gibt es so viele Fast-Erfolgreiche, die auf dem Weg zum Gipfel irgendwo hängengeblieben sind? Eine Antwort darauf habe ich in meinem Buch „Chefbrevier" (mvg, 1990) gegeben. Hier mein Ansatz in Kurzform:

5%	Elite
25%	Aktionswillige
70%	Die „Allzuvielen"

Ich teile die Menschen der westlichen Industrienationen in drei Gruppen ein. Es gibt

5 Prozent Elite-Menschen,
25 Prozent Aktionswillige und
70 Prozent Autoritätsverliebte.

Fangen wir bei den von Theodor Adorno („Studien zum autoritären Charakter", Frankfurt, 1973) beschriebenen Massenmenschen an, die 70 Prozent ausmachen: Sie sehnen sich, aus dem Unterbewußtsein heraus, nach einem starken Führer, der die Entscheidungen für sie trifft, die Verantwortung dafür übernimmt und diesen „Allzuvielen" (Nietzsche) sagt, was sie tun oder lassen sollen. Diese „Fabrikware der Natur", wie sie Schopenhauer verächtlich nannte, hält sich sicherlich vorwiegend auf dem „Land" auf, weil ja die Yang-Typen überwiegen – aber sie wagen es nicht, wenigstens den Fuß des Berges zu betreten.

Dann gibt es jene 25 Prozent, die ich die „Aktionswilligen" nenne – sie sind oft im Mittel-Management zu finden. Ihr Machttrieb ist begrenzt, sie sind mit einer Gruppen- oder Abteilungsleiterfunktion zufrieden. Ein Teil von ihnen ist allerdings – durch einen bewunderten Chef – motivierbar, doch noch den Marsch zum Gipfel fortzusetzen, weshalb ich sie als „Führungsreserve" bezeichne.

Bleibt noch die „Elite" zu beschreiben: Diese 5 Prozent unterteile ich nochmals in 2 Prozent „Macher" und 3 Prozent „bedeutende Menschen". Sprechen wir zuerst über die „Macher".

Es gibt Menschen, die werden *einzig und allein* von ihrem exorbitanten Machttrieb beherrscht. Nach meiner Meinung ist dieser Machttrieb, die innere *Notwendigkeit*, andere nach ihrem Willen zu lenken, angeboren. Warum? Weil sich dieser Machttrieb bereits in einem so frühen Lebensalter zeigt, daß er nicht durch Identifizierung oder durch Programmierung zustandegekommen sein kann. Ein ganz simpler Versuch kann Sie davon überzeugen: Gehen Sie einmal in einen Kindergarten und fragen Sie die Kindergärtnerin, wieviele Kinder (unter den etwa 30) sie dabei habe, die *immer* bestimmen wollen, was gespielt wird und wer mitspielen darf. Was, glauben Sie, werden Sie zur Antwort bekommen? Höchstens *ein* Kind!

Ich habe bei Kundenfirmen (Groß- und Mittelbetrieben) eine „private Umfrage" gemacht: „Wieviele Top-Manager, die der Geschäftsleitung angehören, gibt es bei Ihnen? Wieviel Prozent der Belegschaft machen diese Führungskräfte aus, die über Wohl und Wehe der Firma entscheiden?" Antwort (im Durchschnitt): *maximal 1,7 Prozent!* Das bedeutet aber: Menschen, die wirklich etwas bewegen, die „Macher", sind außerordentlich dünn gesät – und diesen niederen Prozentsatz kann man auch nicht erhöhen! Mit anderen Worten: Menschen wie Morita oder die Margaret Thatcher der 80er Jahre sind singuläre Erscheinungen! Die wachsen nicht auf den Bäumen wie Kastanien!

Die restlichen 3 Prozent „bedeutender" Menschen rekrutieren sich aus Künstlern, Schriftstellern, Philosophen und mystischen Großmeistern, wie beispielsweise KRISHNAMURTI.

Was bedeuten diese Erkenntnisse für Sie als Coach? Ihre Klientel wird sich aus den 25 Prozent „Aktionswilliger" rekrutieren. Möglicherweise ist auch mal ein Abteilungsdirektor darunter. Weder ein echter „Macher" noch einer der „Allzuvielen" wird jemals an Ihre Türe klopfen …

Die nächste Frage ist folgende: Wie helfe ich einem Klienten, etwas über den Aufbau seiner Persönlichkeit zu erfahren? Denn sein Charakter ist ja die Basis für Erfolg oder Nicht-Erfolg. Der nächste Analyse-Bogen soll Ihnen (und Ihrem Klienten) helfen, eine Antwort auf die Frage zu finden: *Wer bin ich?*

7. Charakter-Analyse

Ich betone wiederum, daß das folgende „6-Faktoren-Selbstbild" kein psychologischer Test ist, sondern eine Selbstanalyse mit Fremdbewertung. Das heißt: Da man sich, auch ehrlichen Willens, bei Selbstanalysen gerne ein bißchen „in die Tasche lügt", soll ein Klient, der den Bogen angekreuzt hat, ihn hinterher einer Person seines Vertrauens zur Überprüfung geben, einer Person wie etwa seiner Sekretärin. Sekretärinnen eignen sich zu dieser Aufgabe vorzüglich: sie kennen ihren Chef, sind loyal und, wenn das Arbeitsklima gut ist, auch ehrlich und wohlmeinend.

Sie finden einen leeren Analyse-Bogen im Anhang dieses Buches zum Vervielfältigen. *Wenn Sie eine Eigen-Analyse durchführen wollen, machen Sie sich gleich eine Kopie dieses Formulars und füllen es aus.*

Hier zunächst einige Beispiele für das Ankringeln der alternativen Statements:

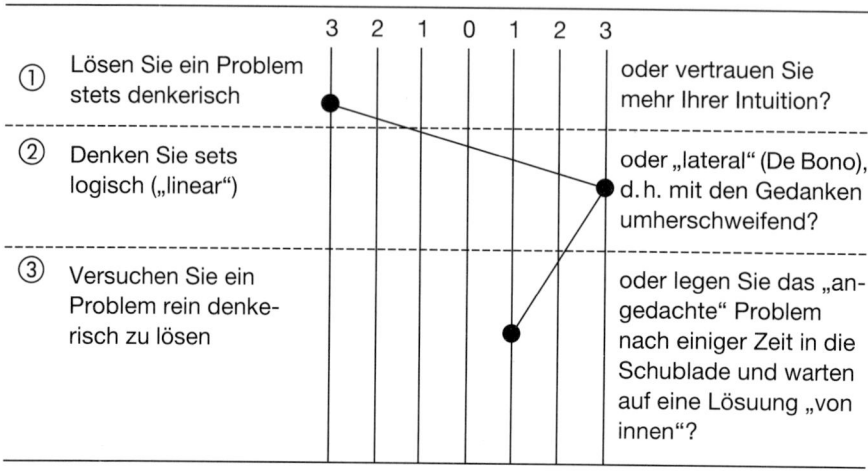

Kommentar zu diesen Beispielen:

Angenommen, Sie denken „grundsätzlich" streng logisch und halten gar nichts von Eingebungen, dann markieren Sie beim Beispiel 1 die „3" auf der *linken* Seite der Skala (also *links von der „0"-Linie)*. Mögen Sie (Beispiel 2) dieses sture, logische Schritt-für-Schritt-Denken nicht, sondern lassen Ihre Gedanken umherschweifen, aber immer mit dem Problem als Ziel vor Augen, dann kreuzen Sie auf der *rechten* Seite beispielsweise die „3" an. Vertrauen Sie am meisten Ihrer Intuition, die Ihnen erfahrungsgemäß häufig eine Lösung geliefert hat, z.B. morgens beim Rasieren, dann kreuzen Sie (im Beispiel 3) *rechts* die „1" an. Wohlgemerkt: Sie dürfen eine Markierung nur auf der linken *oder* der rechten Seite vom Nullpunkt anbringen – *niemals auf beiden Seiten!*

Hinweis: Die Ziffern 1–2–3 sagen aus, daß man etwas mit zunehmender Intensität oder Häufigkeit ausführt.

Ich führe Ihnen jetzt ein von einer Klientin ausgefülltes Selbstbild-Formular vor und erläutere Ihnen dann daran die Methode der Auswertung. Also: Hier ist der durch Kringel markierte Bogen.

6-Faktoren-Selbstbild
(mit Fremd-Bewertung)

Faktor I

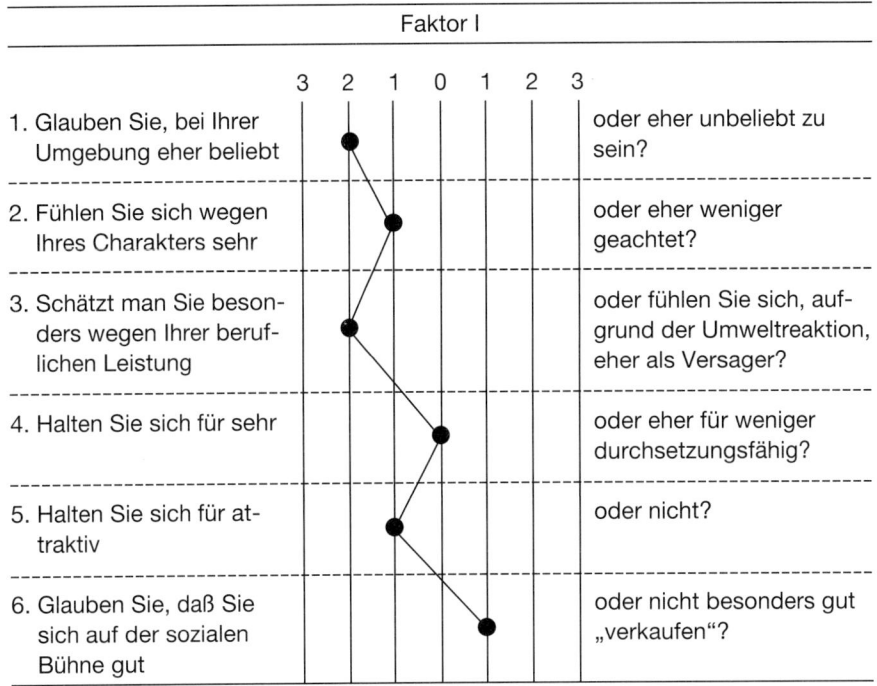

	3	2	1	0	1	2	3	
1. Glauben Sie, bei Ihrer Umgebung eher beliebt		●						oder eher unbeliebt zu sein?
2. Fühlen Sie sich wegen Ihres Charakters sehr			●					oder eher weniger geachtet?
3. Schätzt man Sie besonders wegen Ihrer beruflichen Leistung		●						oder fühlen Sie sich, aufgrund der Umweltreaktion, eher als Versager?
4. Halten Sie sich für sehr				●				oder eher für weniger durchsetzungsfähig?
5. Halten Sie sich für attraktiv			●					oder nicht?
6. Glauben Sie, daß Sie sich auf der sozialen Bühne gut					●			oder nicht besonders gut „verkaufen"?

37

Faktor II

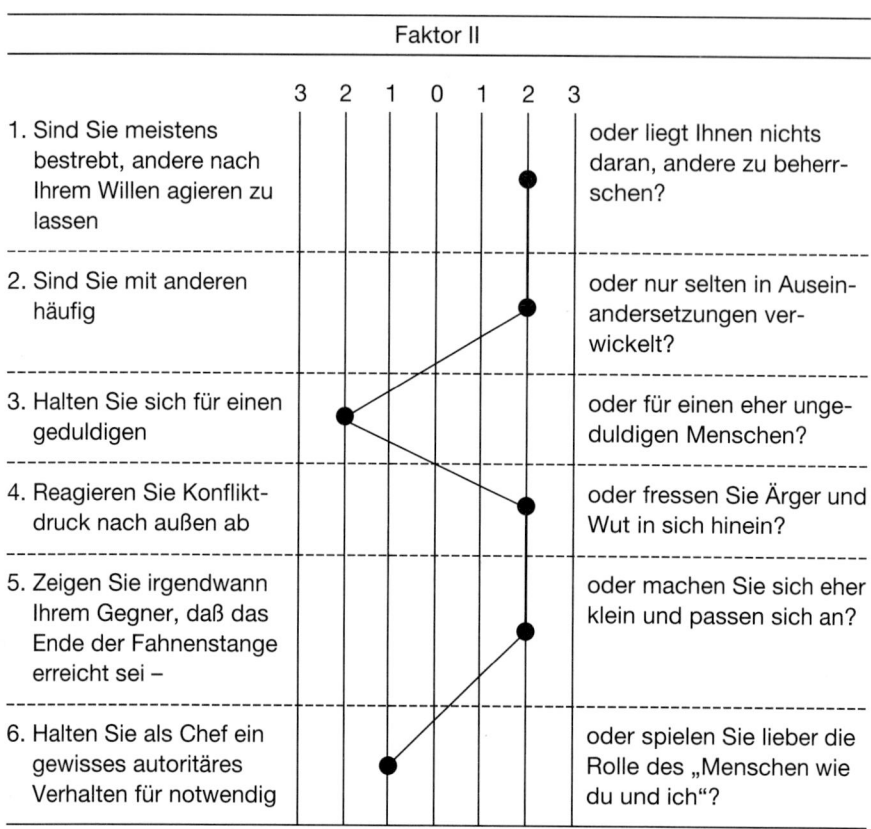

	3	2	1	0	1	2	3	
1. Sind Sie meistens bestrebt, andere nach Ihrem Willen agieren zu lassen						●		oder liegt Ihnen nichts daran, andere zu beherrschen?
2. Sind Sie mit anderen häufig						●		oder nur selten in Auseinandersetzungen verwickelt?
3. Halten Sie sich für einen geduldigen		●						oder für einen eher ungeduldigen Menschen?
4. Reagieren Sie Konfliktdruck nach außen ab						●		oder fressen Sie Ärger und Wut in sich hinein?
5. Zeigen Sie irgendwann Ihrem Gegner, daß das Ende der Fahnenstange erreicht sei –						●		oder machen Sie sich eher klein und passen sich an?
6. Halten Sie als Chef ein gewisses autoritäres Verhalten für notwendig			●					oder spielen Sie lieber die Rolle des „Menschen wie du und ich"?

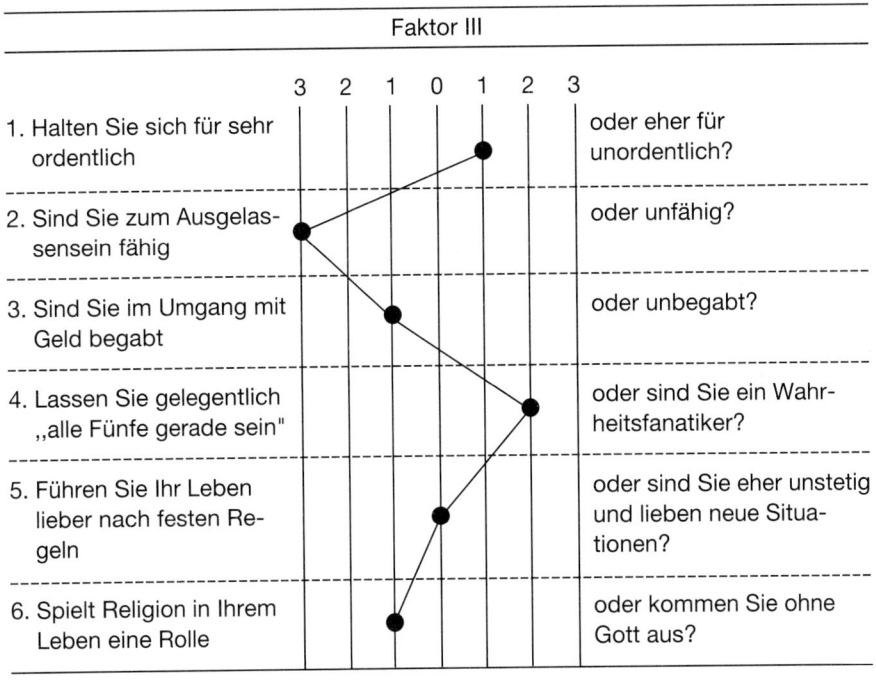

	3	2	1	0	1	2	3	
1. Halten Sie sich für sehr ordentlich					●			oder eher für unordentlich?
2. Sind Sie zum Ausgelassensein fähig	●							oder unfähig?
3. Sind Sie im Umgang mit Geld begabt			●					oder unbegabt?
4. Lassen Sie gelegentlich „alle Fünfe gerade sein"						●		oder sind Sie ein Wahrheitsfanatiker?
5. Führen Sie Ihr Leben lieber nach festen Regeln					●			oder sind Sie eher unstetig und lieben neue Situationen?
6. Spielt Religion in Ihrem Leben eine Rolle			●					oder kommen Sie ohne Gott aus?

Faktor IV

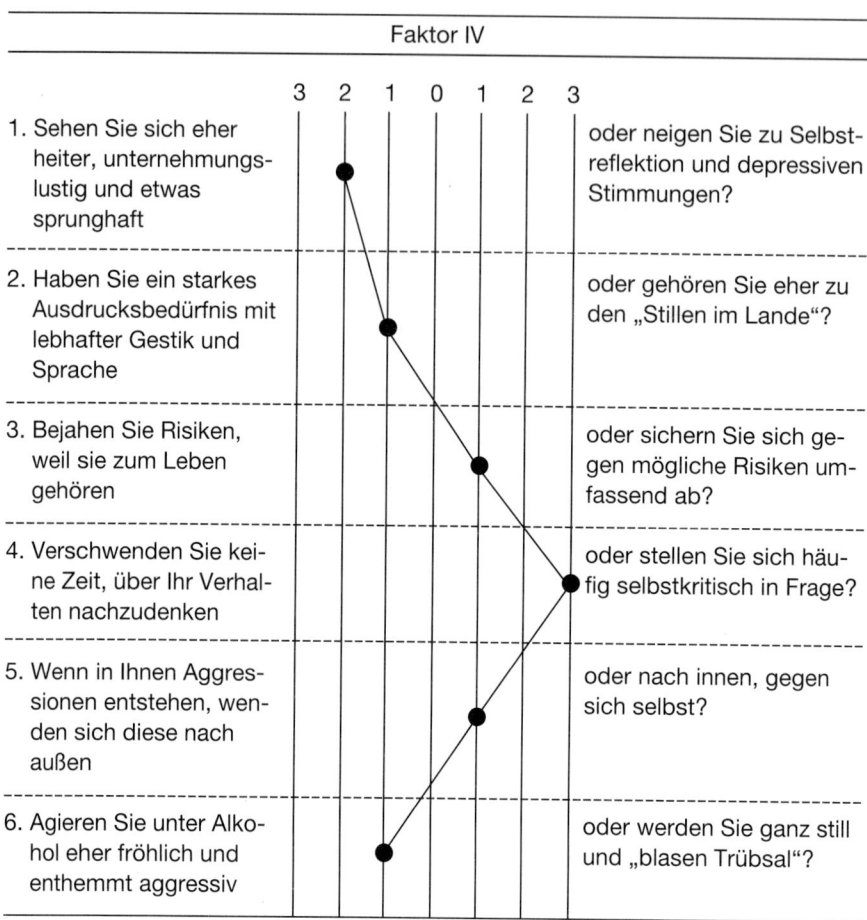

	3	2	1	0	1	2	3	
1. Sehen Sie sich eher heiter, unternehmungslustig und etwas sprunghaft		●						oder neigen Sie zu Selbstreflektion und depressiven Stimmungen?
2. Haben Sie ein starkes Ausdrucksbedürfnis mit lebhafter Gestik und Sprache			●					oder gehören Sie eher zu den „Stillen im Lande"?
3. Bejahen Sie Risiken, weil sie zum Leben gehören					●			oder sichern Sie sich gegen mögliche Risiken umfassend ab?
4. Verschwenden Sie keine Zeit, über Ihr Verhalten nachzudenken						●		oder stellen Sie sich häufig selbstkritisch in Frage?
5. Wenn in Ihnen Aggressionen entstehen, wenden sich diese nach außen					●			oder nach innen, gegen sich selbst?
6. Agieren Sie unter Alkohol eher fröhlich und enthemmt aggressiv			●					oder werden Sie ganz still und „blasen Trübsal"?

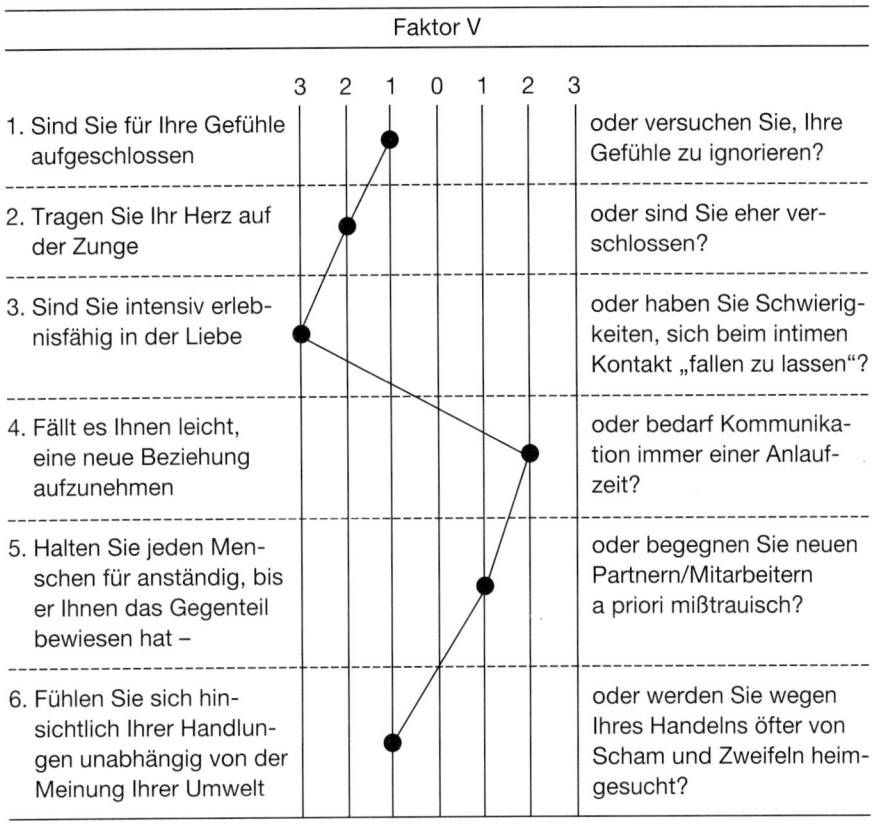

	3	2	1	0	1	2	3	
1. Sind Sie für Ihre Gefühle aufgeschlossen			●					oder versuchen Sie, Ihre Gefühle zu ignorieren?
2. Tragen Sie Ihr Herz auf der Zunge		●						oder sind Sie eher verschlossen?
3. Sind Sie intensiv erlebnisfähig in der Liebe	●							oder haben Sie Schwierigkeiten, sich beim intimen Kontakt „fallen zu lassen"?
4. Fällt es Ihnen leicht, eine neue Beziehung aufzunehmen						●		oder bedarf Kommunikation immer einer Anlaufzeit?
5. Halten Sie jeden Menschen für anständig, bis er Ihnen das Gegenteil bewiesen hat –					●			oder begegnen Sie neuen Partnern/Mitarbeitern a priori mißtrauisch?
6. Fühlen Sie sich hinsichtlich Ihrer Handlungen unabhängig von der Meinung Ihrer Umwelt		●						oder werden Sie wegen Ihres Handelns öfter von Scham und Zweifeln heimgesucht?

41

	3	2	1	0	1	2	3	
1. Sind Sie ein geselliger Typ, der gerne ausgeht und ab und zu kräftig „auf die Pauke haut"		●						oder scheuen Sie Veranstaltungen, auf denen geklatscht und Blabla geredet wird?
2. Sind Sie dem anderen Geschlecht gegenüber unbefangen		●						oder haben Sie Hemmungen, die Sie zu überspielen versuchen?
3. Sind Sie, ganz allgemein, sehr begeisterungs- und hingabefähig		●						oder erscheint Ihnen Enthusiasmus weder auslebbar noch erstrebenswert?
4. Sind Sie phantasiereich und kreativ	●							oder wenden Sie sich auf der Suche nach Ideen lieber an andere, die in dieser Hinsicht begabter sind?
5. Gehört eine konkurrierende Haltung zu den Grundzügen Ihres Lebens					●			oder kämpfen Sie nur, wenn es sich gar nicht vermeiden läßt?
6. Sind Sie, in Freundschaft und Liebe, zur Dauerbindung fähig	●							oder sind für Sie alle Bindungen nur Episoden?

Zur Auswertung:

Zählen Sie jetzt den Wert jener Kringel zusammen, die sich auf der *linken* Seite (von der Null aus gesehen) finden. Das ergibt z. B. für den Faktor I (im abgebildeten 6-Faktoren-Selbstbild einer Klientin) die Zahl „6"; sie ergibt sich aus 2+1+2+1 = 6. Die solchermaßen aufsummierten Werte aller 6 Faktoren tragen Sie in folgende Tabelle ein. (Leeres Muster im Anhang!). Das ergibt für unser Beispiel dieses Bild:

6-Faktoren-Selbstanalyse

Kurz-Interpretation

Name: *Irmgard/Leiterin einer Mode-Boutique*

	neurotisch?	sehr gut	gut	„normal"	schwach
Faktoren/Wert	17 16 15 14	12 11 10	8 7	5 4	2 1
I: SWG			●		
II: Dominanz					●
III: Moral				●	
IV: High				●	
V: Kommun.			●		
VI: Soz.Pot.		●			

Also: Was zeigt die Charakteranalyse unserer Boutiquen-Leiterin? Folgendes:

Frau Irmgard ist aufgeschlossen und kommunikationsfähig, trägt indessen ihr Herz nicht auf der Zunge, wenn es um eigene Probleme geht. Während sie wegen ihrer Freude an gesellschaftlichen Veranstaltungen, z.B. an Partys, für oberflächlich gehalten werden könnte, ist dies durchaus nicht der Fall: Die Klientin neigt dazu, sich kritisch zu hinterfragen und Ärger oder Aggressionen in sich hineinzufressen, was zuweilen auf ihre sonst hochgemute Stimmung drückt.

Die Klientin ist ein psychisch gesunder Mensch, sehr kommunikationsfähig und der Umwelt gegenüber aufgeschlossen. Sie weist ein gesundes Selbstwertgefühl auf und fühlt sich moralischen Normen verpflichtet. Was ihr vollkommen abgeht, ist das Dominanzstreben, d.h. der Wille, andere zu beherrschen. Im übrigen hat sie, wie jeder Mensch, zuweilen Probleme mit sich selbst – doch diese überspielt sie durch ihre Fähigkeit zum Feiern und durch eine ausgeprägte Liebesfähigkeit.

Anmerkung: Frau Irmgard war föhnanfällig und in einem dadurch bedingten depressiven Zustand mit starken Kopfschmerzen zu mir gekommen. Ich sagte ihr anhand des guten Diagramms, psychisch sei sie o.k. und brauche mich nicht mehr aufzusuchen. Wegen des Kopfschmerzes empfahl ich ihr, stets bei den ersten Anzeichen des Föhns die Formel von Dr. Thomas in sich zu versenken:

„Ich fühle mich ganz wohl und frei,
der Kopf bleibt ohne Schmerz dabei."

Ich empfehle Ihnen, am Anfang Ihrer Coach-Laufbahn, nach einem Procedere vorzugehen, dem ein von mir sogenanntes „Analyse-Tableau" zugrundeliegt:

Analyse-Tableau

Wanderer	Krieger	Magier

Wasser	Land

Faktoren/Wert	neurotisch?			sehr gut			gut		„normal"		schwach	
	17	16	15 14	12	11	10	8	7	5	4	2	1
I: SWG												
II: Dominanz												
III: Moral												
IV: High												
V: Kommun.												
VI: Soz.Pot.												

Abkürzungen: SWG = Selbstwertgefühl
High = Stimmungslage
Komm. = Kommunikationsfähigkeit
Soz.Pot. = Soziale Potenz = Fähigkeit,
sich öffentlich darzustellen

Weitere Hinweise für die Verwendung des ANALYSE-TABLEAUS finden Sie im Kapitel „Muster als Probelauf".

Verhalten wird wesentlich von folgenden Faktoren verursacht:
- vom Erbgut;
- von „ur-alten" Eindrücken im Unbewußten, z.B. den Archetypen;
- von der Identifikation mit einem Elternteil („Wasser – Land");
- von der Programmierung im Elternhaus.

Die wichtigsten *Programme*, die wir mitbekommen, kann man so klassifizieren:
- Ein *Wertsystem*, das zur Basis unseres Gewissens wird;
- *soziale Normen:* „Wie man sich in unseren Kreisen verhält";
- den *Umgang mit Geld;*
- *Gehorsam* gegenüber Obrigkeiten und Autoritäten;
- *Hilfsbereitschaft* gegenüber Schwächeren.

Diese Ge- und Verbote werden vom Kind verinnerlicht und wirken dann als eine Art Super-Gewissen, das von Sigmund Freud „Über-Ich" genannt wurde.

Was ich in der 6-Faktoren-Analyse im Faktor III etwas summarisch als „Moral" bezeichnet habe, gibt Auskunft darüber, inwieweit sich der Klient den Geboten des Über-Ich *unterwirft*. Wenn er bei der Interpretation einen hohen Wert erreicht, bedeutet dies, daß er sich nur in den Grenzen dieses „Über-Gewissens" bewegt – bis zur Zwanghaftigkeit!

Ich warne nochmals davor, die durch die Analyse erhaltenen Ergebnisse „moralisch" zu bewerten! Wenn ein Mensch beispielsweise im Elternhaus dazu erzogen worden ist, „den Pfennig zu ehren", so kann sein übervorsichtiger Umgang mit Geld von manchen als „knauserig" gewertet werden. Das ist unkorrekt und ergibt ein schiefes Bild. Der Auswerter hat sich streng „gefühlsneutral" an die Interpretation heranzumachen. Also: Wenn ein Klient einen *hohen* „Moral-Wert" erreicht, kann dies bedeuten:

- er fühlt sich ethischen Kategorien verpflichtet;
- er fühlt sich auch den Normen der Gesellschaft verpflichtet, ist also „angepaßt";
- er kann gut mit Geld umgehen;
- er ist sehr hilfsbereit.

Im umgekehrten Falle (Werte 1,2) ist der Klient ein Egoist, der sich weder um ethische noch um Gesellschaftsnormen kümmert.

8. Anmerkungen zur Kunst des Beratungsgespräches

Wir haben uns bisher, verehrte Leserinnen und Leser, mit dem möglichen Procedere einer Coaching-Sitzung befaßt. Es muß indessen unbedingt noch etwas zur *Gesprächsführung* angefügt werden.

Wer von Ihnen schon entsprechende Schulungen, Verkaufs- oder Rhetorikseminare besucht hat, kennt natürlich das Denkmodell von Eric Berne über die Ich-Zustände des Menschen. Sie finden übrigens eine Einführung in die „Transaktions-Analyse" (TA) im „Kommunikationstraining" von Vera F. Birkenbihl (mvg, 11. Auflage, 1991). Ich will hier noch einmal die wichtigste Grundregel herausarbeiten, weil man als Coach verloren ist, wenn man sich nicht daran hält!

Wenn zwei Personen kommunizieren, indem sie miteinander sprechen, stehen sich die Ich-Zustände der beiden gegenüber:

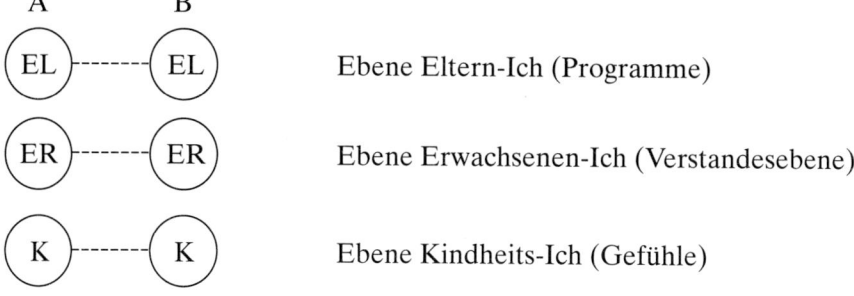

A   B

(EL) ------- (EL)   Ebene Eltern-Ich (Programme)

(ER) ------- (ER)   Ebene Erwachsenen-Ich (Verstandesebene)

(K) ------- (K)   Ebene Kindheits-Ich (Gefühle)

Was nunmehr, im Zuge der Kommunikation, vor sich geht, nennt Eric Berne „Transaktionen". Von diesen Transaktionen gibt es zwei Arten, die jeder kennen und beachten sollte, der erfolgreich kommunizieren will. Ich möchte Ihnen das an ein paar Beispielen demonstrieren. A und B sprechen miteinander:

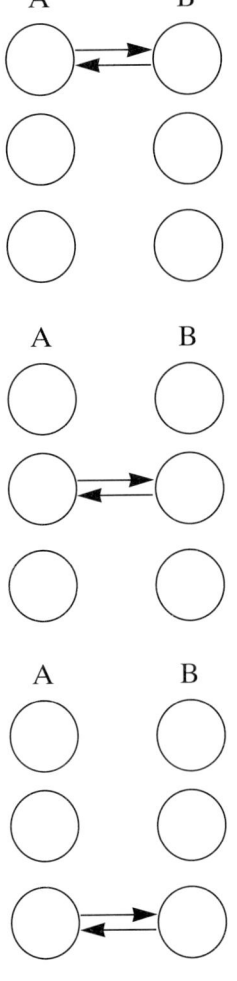

A: Die jüngeren Mitarbeiter sind nicht mehr bereit, sich versetzen zu lassen und umzuziehen. Das ist schade!

B: Eben! Weil sie alle „Häusle bauen" und damit immobil werden. Die Interessen der Firma sind ihnen gleichgültig ...

A: Eine neue Situation wird nur dann zum „Problem", wenn ihr ein damit konfrontierter Mensch psychisch nicht gewachsen ist.

B: Ganz meine Meinung! Es gibt kein „Problem an sich"!

A: Ich habe kürzlich im Supermarkt eine ältere Dame beobachtet, die offensichtlich bessere Zeiten erlebt hat. Sie ließ am Obststand blitzschnell einen Apfel im Ärmel ihres abgetragenen Mantels verschwinden.

B: Ich habe so etwas auch schon mal beobachtet. Jedenfalls könnte ich nicht Warenhausdetektiv sein, der so eine arme Person zur Anzeige bringt!

Derartige Transaktionen nennt Berne „parallel". Rede und Gegenrede erfolgen *aus dem gleich Ich-Zustand!* Das ist jene Art von Kommunikation, die anzustreben ist – es kann keine Verständnisschwierigkeiten (mit Ärger) geben! Hingegen ist die folgende (gekreuzte) Transaktion zu vermeiden:

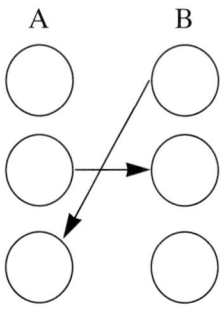

A: Die zu bewältigende Arbeitsmenge wird immer größer! Ohne Überstunden schaffe ich sie einfach nicht!

B: Das kommt nur daher, weil Sie sich und Ihre Arbeit nicht organisieren können!

Was ist passiert? A hat sich, aus seinem Erwachsenen-Ich heraus, ganz sachlich beklagt. B hat, aus seinem kritischen Eltern-Ich heraus, dem Kindheits-Ich des A eine Rüge erteilt: Nur weil das „spielende Kind" dem Erwachsenen-Ich des A ständig in die Quere kommt, wird die Arbeit nicht bewältigt. Was ist die Folge einer derartigen „gekreuzten" Transaktion? Krach!

Falls Sie sich, verehrte Leserinnen und Leser, bisher noch nicht näher mit der Transaktions-Analyse (TA) befaßt haben, nehmen Sie bitte zur Kenntnis:

Bei allen Transaktionen, auch wenn sie offiziell auf der Eltern- oder Erwachsenen-Ich-Ebene stattfinden, spielt das „Kind" mit! Das Kindheits-Ich repräsentiert unsere Gefühlsebene – und es gibt keinen Denkvorgang, der nicht gefühlsmäßig eingefärbt wird!

Beispiel: Angenommen, ein Programmierer bekommt den Auftrag, ein völlig neues, ungewöhnliches Programm zu kreieren und diese Aufgabe reizt ihn – dann lacht sein „Kind" vor Freude! Auch wenn dieser Programmierer zwei Wochen täglich Überstunden macht, wird er sich nicht gestreßt fühlen und abends beschwingt nach Hause gehen. Nehmen wir aber an, der Programmierer bekäme eine Aufgabe, die ihn nicht interessiert oder die ihn sogar anwidert – dann ist sein „Kind" dauernd am Motzen. Folge: Der Programmierer wird viel mehr Zeit benötigen als vorgesehen. Und er haut vielleicht ein paar Fehler in das Programm, die eine Rüge seines Chefs nach sich ziehen.

Ich komme nun zu Paul Watzlawick und seinen „Pragmatischen Axiomen", erstmalig 1967 in den USA veröffentlicht. Die deutsche Auflage ist bei Hans Huber in Bern erschienen, Titel: „Menschliche Kommunikation" (genauer Titel mit allen Autoren im Literaturverzeichnis). Ich greife von den fünf Axiomen das zweite und das fünfte heraus, weil ich sie für die Coach-Tätigkeit für am wichtigsten halte.

Das *zweite Axiom* heißt im „Originalton Watzlawick":

> Jede Kommunikation hat einen Inhalts- und einen Beziehungsaspekt, derart, daß letzterer den ersteren bestimmt und daher eine Metakommunikation ist.

Mit dieser Definition werden Sie auf Anhieb nicht viel anfangen können. Ich gebe deshalb hier meine „Seminarvariante" wieder:

> Jede Kommunikation erfolgt auf zwei Ebenen gleichzeitig, einer Inhalts- und einer Beziehungsebene, wobei die Beziehungsebene die Inhaltsebene bestimmt.

Grafisch sieht das so aus:

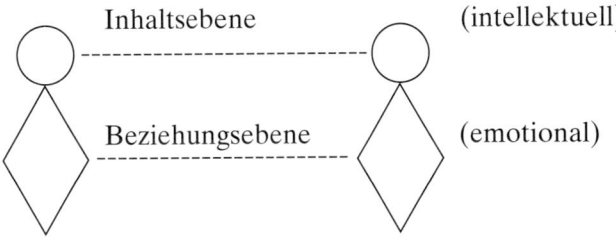

Das bedeutet zum Beispiel im Verkaufstraining: Der Verkäufer muß zunächst die Beziehungsebene zum Kunden etablieren. Er muß eine sympathische Atmosphäre schaffen. Wenn ihm das nicht gelingt, kann er sich sein Angebot sparen – es wird nicht akzeptiert werden!

So weit, so gut... Für das Coaching genügt diese Auslegung des zweiten Axioms nicht – weil ein wesentlicher Punkt nicht berücksichtigt wurde, den Watzlawick als zusätzliche Erläuterung präsentiert:

> Der Inhaltsaspekt vermittelt die „Daten", der Beziehungsaspekt weist an, *wie diese Daten aufzufassen sind.*

Mit anderen Worten: Jede Mitteilung enthält einen Hinweis darauf, wie ihr Sender sie vom Empfänger verstanden haben möchte. Sie definiert also, wie der Sender die Beziehung zwischen sich und dem Empfänger sieht. Oder, wieder im „Seminardeutsch" formuliert:

> Wann immer ich zu einem anderen Menschen spreche, definiere ich damit zugleich meine Beziehung zu ihm – *und dabei kann ich nicht lügen!* Weil meine Sprache *und* meine Körpersprache dem anderen signalisieren, was ich von ihm halte!

Beispiel: Angenommen, ein Manager hat sich von einem Mitarbeiter eine spezielle Analyse erstellen lassen. Nachdem er das Papier gelesen hat, sagt er: „Stehen Sie wirklich zu dieser Aussage?" *Wie* dieser Manager das sagt und *welches Wort dieses Satzes er betont*, signalisiert dem Mitarbeiter zweifelsfrei, ob sein Vorgesetzter die Analyse für gelungen oder für „Mist" hält! Und was er vom Mitarbeiter als Person für eine Meinung hat ...

Denken Sie als Coach bei der Beurteilung der Problematik eines Klienten stets daran, daß es sich nicht nur um eine sachliche Abklärung der Klientensituation handelt, sondern „daß der Ton die Musik macht". Falls beispielsweise der Klient aus Ihren Worten so etwas wie eine negative Wertung seines Verhaltens heraushört, ist die ganze Coaching-Aktion zunächst einmal gescheitert ...

Es gibt noch einen Gefahrenpunkt, der in der Regel übersehen wird: Was passiert, wenn der Empfänger keine Gefühlsebene hat? Wie etabliere ich dann die Beziehungsebene? Beispiel:

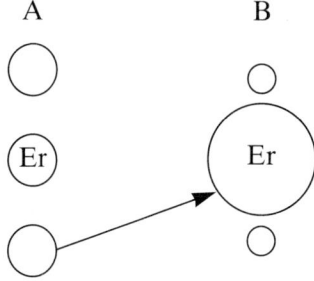

Es gibt „Super-Intellektuelle", die ihr ehemaliges Eltern-Ich mit seinen anachronistischen Ge- und Verboten einfach „gelöscht" haben. Und deren Kindheits-Ich total verkümmert ist, weil es in der Kindheit nie „gestreichelt" wurde. Diese Menschen haben ein Super-EGO entwickelt und glauben, das Leben nur mit dem Verstand bewältigen zu können!

Wenn also A, wie er es im Seminar gelernt hat, das „Kind" in B anspricht, erlebt er eine Pleite. Und B, dieser auf seinen Verstand reduzierte Mensch, hält A für einen unseriösen Schwätzer, der ihm mit „Schmäh" etwas „unter die Weste jubeln" möchte ...

Fazit: Wenn ich als Coach zu Beginn eines Klientengespräches heraus-
höre, daß der andere nur mit seinem Verstand arbeitet – dann muß ich
eben die Beziehung auf der Erwachsenen-Ich-Ebene einrichten. Beispielsweise mit einer Bemerkung wie: „Ich sehe, Sie bewältigen Ihre Probleme in erster Linie intellektuell! Das wird unsere Arbeit sehr erleichtern!"

Betrachten wir uns nun das *fünfte Axiom* Watzlawicks:

> Zwischenmenschliche Kommunikationsabläufe sind entweder
> symmetrisch oder komplementär, je nachdem, ob die Beziehung
> zwischen den Partnern auf Gleichheit oder Unterschiedlichkeit be-
> ruht.

Im Seminar stelle ich dieses Axiom so dar:

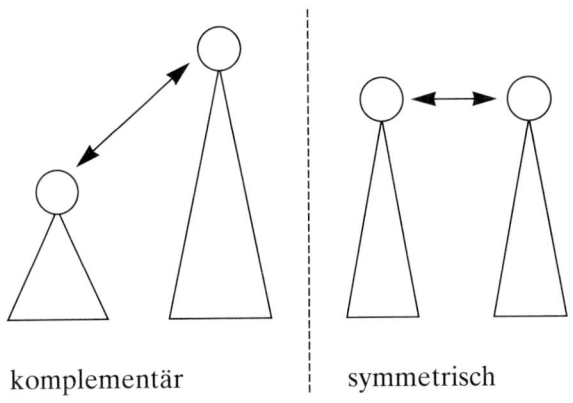

komplementär symmetrisch

Nehmen wir einmal an, in einer Kongreßpause werden zwei Herren miteinander bekanntgemacht. Es stellt sich heraus, daß beide Vorstandsmit-
glieder großer Unternehmen sind. Diese beiden Herren werden keine
Schwierigkeiten haben, miteinander zu kommunizieren, da sie vom Status
her ebenbürtig sind: *ihre Beziehung ist symmetrisch.*

Indessen ist auch eine zu obigem Beispiel konträre Situation vorstellbar:
Auf einer privaten Gesellschaft werden ebenfalls zwei Herren miteinander bekanntgemacht. Der eine ist ein jüngerer Doktor juris, am Straf-
rechtlichen Institut der Universität als wissenschaftlicher Assistent tätig;
der andere ist gelernter Maurerpolier, der sich zum „Baulöwen" mit
Bundesverdienstkreuz hochgearbeitet hat. Der „Baulöwe" behandelt den
Uni-Assistenten, den er für einen „akademischen Hungerleider" hält, mit

einer gewissen Arroganz, wogegen sich der Jurist, obwohl er mit „summa cum laude" promoviert hat, nicht wehren kann: *diese Beziehung ist komplementär.*

Mit anderen Worten: Im Leben geht es immer darum, wie es um das Selbstbild eines Menschen bestellt ist – und wie er, seinem persönlichen Wertsystem entsprechend, andere Menschen einschätzt. Das heißt: Ein Mensch wird von seiner Umgebung nie nach dem beurteilt, was er ist, sondern wie er, in den Augen der Betrachter, zu sein scheint.

Nun gilt in der Berufspraxis folgendes: Ein Verkäufer sollte sich um einen Grad dümmer stellen, als er ist, damit der Kunde das Gefühl hat, er sei dem Verkäufer überlegen. Das heißt, jede Beziehung zwischen Verkäufer und Kunde muß zunächst komplementär sein. Ziel des Verkäufers sollte es sein, diese Beziehung in eine symmetrische zu verwandeln. Das kann er nur erreichen, wenn er (z.B. im Außendienst) den Kunden häufiger besucht. Aber: *Den Zeitpunkt,* zu dem sich eine komplementäre Beziehung in eine symmetrische wandelt, *bestimmt immer der Kunde!*

In der Coaching-Situation liegen die Dinge viel komplizierter. Nehmen wir an, ein schon fast „ausgebrannter" Haupt-Abteilungsleiter kommt erstmalig zu Ihnen, weil er dringend Hilfe braucht. Er gehört einem Konzern an und fühlt sich Ihnen, aus seiner sozialen Position heraus, überlegen. Weil Sie in seinen Augen „nur ein kleiner Unternehmensberater" sind. Andererseits muß dieser Manager Ihre psychische Überlegenheit akzeptieren – sonst könnte er kein Vertrauen zu Ihnen haben. Wie verhält man sich als Coach in dieser Situation?

Da gibt es, nach meiner Erfahrung, nur einen Weg: Sie unterstellen als Coach, daß die Beziehung zwischen Ihnen und Ihrem Klienten symmetrisch sei. Das heißt: Sie verhalten sich ruhig und diszipliniert, wie ein Mann (ein Frau), der (die) über den Dingen steht. Sie enthalten sich jeder Kritik und bemerken gelegentlich so nebenbei, daß das Fehlermachen zum Menschsein gehöre und daß Sie, trotz aller Selbstverwirklichungsversuche, noch lange nicht da seien, wo Sie eigentlich sein wollten ...

9. Abschlußüberlegungen

Verehrte Leserinnen und Leser! Wenn man einen Beruf ausübt oder ihn neu ergreifen will, sollten zwei psychische Voraussetzungen erfüllt sein:

Man muß das innere Bedürfnis haben, gerade *diesen* Beruf auszuüben; und man muß sich als in diesem Beruf erfolgreich (oder als noch erfolgreicher werdend) *sehen!*

Das *Erfolgsrezept* aller Menschen, Männer wie Frauen, ganz gleich, in welcher Zeit und in welcher Disziplin, die Überdurchschnittliches geleistet haben, gründet darauf, daß sie sich als bedeutenden Arzt, Künstler, Wissenschaftler oder Unternehmer usw. *gesehen* haben! Diese tagtäglich reproduzierte Vorstellung von sich selbst am Ziele ausdauernden Strebens ist praktisch eine Selbsthypnose! Das *Bild des Erfolgreichen* sinkt ins Unterbewußtsein und wird Teil der Persönlichkeitsstruktur. *Dies ist der erste und wichtigste Schritt zum erfolgreichen Coach!*

Der zweite Schritt besteht darin, daß Sie jene innere Balance erreicht haben, die notwendig ist, um anderen Vorbild sein zu können. Dazu ist es notwendig, daß Sie die in diesem Kapitel beschriebenen Analysen durchführen und sich darüber klarwerden, wie Sie selbst angelegt sind: Sind Sie ein „Land"- oder „Wasser"-Typ? Welche Archetype dominiert Ihr Verhalten? Welche Charaktermerkmale, vor allem Selbstwertgefühl, Dominanzstreben und Kommunikationsfähigkeit, sind in Ihrer Persönlichkeitsstruktur vertreten? Legen Sie sich regelmäßig Rechenschaft ab: Wie ist Ihr Leben bisher verlaufen? Welche Fehlentscheidungen haben Sie getroffen, mit welchen Folgen? Und wieso sind Sie dennoch, vielleicht nach etlichen Umwegen, so erfolgreich geworden, daß Sie es sich heute zutrauen, andere als Coach zu betreuen?

Wohlgemerkt: „Psychologisch erfolgreich" sind häufig jene Menschen, die eine Menge Fehler gemacht und daraus gelernt haben: *An ihren Fehlschlägen sind sie gereift – nicht an einem bürgerlichen Leben ohne Höhepunkte und Tiefen!* Dieser Reifungsprozeß, dieses Niedergeschmettertwerden und größer wieder Aufstehen, ist die beste Voraussetzung für den Helfer-Beruf des Coaches – nicht ein Universitätsdiplom mit Promotion!

Schließlich, als Schritt Nr. 3, sollten Sie unaufhörlich an Ihrer sprachlichen Ausdruckskraft arbeiten. Und zwar an einer psychologisch fundierten Sprache. Was nützt Ihnen all Ihr Wissen und Ihre Lebenserfahrung, wenn Sie beides nicht „über die Rampe bringen"? Wenn Ihr Klient nicht spürt, daß Sie gereift und tolerant sind und sich jeder moralischen Bewertung seiner Situation enthalten – wie soll er da Vertrauen fassen und *tun*, wozu Sie ihm raten?

Teil 2

Überprüfen Sie Ihr Management-Wissen!

Vom Führen und Geführtwerden

1. Denken Sie wie ein Manager? (Test Nr. 1)

Wer sich als Coach auf die Beratung von Managern spezialisieren will, sollte natürlich schon eine Ahnung haben, mit welcher Art von Problemen sich ein Manager herumzuschlagen hat. Oder, anders formuliert: Was gehört zur täglichen Arbeit eines Managers? Wobei ich in erster Linie an Mittel-Manager denke, die ja vermutlich den überwiegenden Teil Ihrer Klientel ausmachen werden. Sollten Sie indessen auf dem Sektor „Management" ganz fit sein, können Sie dieses Kapitel überschlagen.

Wir beginnen mit dem **Test Nr. 1.** *Jede* der aufgeführten Fragen ist mit „Ja" oder „Nein" zu beantworten. Machen Sie jeweils einen Kreis um das linke „X" für ein „Ja" oder um das rechte „X" für ein „Nein".

	Ja	Nein
1. Würden Sie bei Übernahme einer neuen Aufgabe		
a) einen genauen Plan machen, wie die Aufgabe gelöst werden soll?	X	X
b) einen derartigen Plan von einem Mitarbeiter machen lassen?	X	X
c) sich ohne schriftlich festgelegten Plan auf Ihre Erfahrung verlassen?	X	X
2. Würden Sie für die Durchführung einer Aufgabe		
a) Schwerpunkte festlegen?	X	X
b) für Teilaufgaben Termine festlegen?	X	X
c) alle Teilaufgaben erledigen, wie sie anfallen?	X	X
3. Würden Sie zur Durchführung einer Aufgabe		
a) persönlich dafür sorgen, daß jeder Angehörige Ihrer Gruppe die ihm zugewiesene Aufgabe versteht?	X	X
b) die Verantwortlichkeit jedes einzelnen klar umreißen?	X	X
c) nötigenfalls einzelne Mitarbeiter mit Sondervollmachten ausstatten und die damit verbundene Kompetenz klar abgrenzen?	X	X
4. Würden Sie eine Besprechung		
a) ohne genaue Zielvorstellung einberufen und abwarten, was von seiten Ihrer Mitarbeiter zu dem anstehenden Problem beigesteuert wird?	X	X
b) nur einberufen, wenn Sie genau wüßten, was Sie mit dieser Besprechung erreichen wollen?	X	X

	Ja	Nein
5. Würden Sie grundsätzlich		
a) Ihren Mitarbeitern erklären, wie deren Aufgabe mit dem Ziel zusammenhängt, das die Gruppe erreichen muß?	X	X
b) Ihren Mitarbeitern nur so viel mitteilen, wie sie zur Ausführung des nächsten Schrittes wissen müssen?	X	X
6. Würden Sie		
a) einen Teil Ihrer Aufgaben an Mitarbeiter abtreten und sie für die korrekte Durchführung verantwortlich machen?	X	X
b) Aufgaben nur abtreten, wenn Sie diese allein nicht mehr schaffen?	X	X
c) Augaben delegieren und durch tägliche Kontrollen die Arbeit Ihrer Mitarbeiter überwachen?	X	X
7. Würden Sie nach Abgabe einer Aufgabe unmittelbar mit Untergebenen verhandeln, die nunmehr dem Manne zu berichten haben, an den Sie die Aufgabe delegieren?	X	X
8. Würden Sie nach erfolgter Delegierung		
a) die Durchführung in regelmäßigen Abständen kontrollieren?	X	X
b) die Durchführung zu vorher festgelegten Terminen kontrollieren?	X	X
c) die Berichterstattung über den Lauf der Dinge in das Ermessen des beauftragten Mitarbeiters stellen?	X	X
9. Würden Sie		
a) sich jede Entscheidung bei der Erfüllung einer Aufgabe selbst vorbehalten?	X	X
b) Ihre Mitarbeiter ermutigen, möglichst viele Entscheidungen selbst zu treffen und sich nur bei schwierigen Problemen an Sie zu wenden?	X	X
10. Würden Sie		
a) sich selbst um jede Kleinigkeit kümmern?	X	X
b) sich möglichst wenig um Details kümmern?	X	X
11. Würden Sie vor Inangriffnahme einer neuen Aufgabe		
a) sich mit Ihren Mitarbeitern beraten, um den Weg und den Zeitplan für die Durchführung festzulegen?	X	X
b) überlegen, wer für die Durchführung von Teilaufgaben am geeignetsten ist?	X	X
c) grundsätzlich die Reaktion Ihrer Mitarbeiter testen, ehe Sie die Marschroute festlegen?	X	X
12. Würden Sie vor Lösung eines Problems		
a) nach Möglichkeit erst alle erreichbaren Fakten sammeln?	X	X
b) die gesammelten Fakten nach ihrer Gewichtigkeit abschätzen?	X	X
c) in Terminnot eine schwierige Entscheidung aufgrund Ihrer Erfahrung mit dem gesunden Menschenverstand fällen?	X	X

	Ja	Nein
13. Würden Sie bei der Erarbeitung einer Problemlösung		
a) sich nur auf Ihre eigenen Fähigkeiten verlassen?	X	X
b) die Erfahrung Ihrer Mitarbeiter berücksichtigen?	X	X
c) die Entscheidung entsprechend der Mehrheitsmeinung Ihrer Gruppe fällen?	X	X
14. Würden Sie nach Mißlingen einer Aktion		
a) grundsätzlich allein die Verantwortung übernehmen?	X	X
b) die am Projekt beteiligten Mitarbeiter entsprechend ihrem Beitrag als mitverantwortlich bezeichnen?	X	X
15. Würden Sie Entscheidungen		
a) immer sofort treffen, wenn ein Problem auftritt?	X	X
b) grundsätzlich nach einer „Nachdenkpause" treffen, auch wenn die Lösung „klar auf der Hand" liegt?	X	X
16. Würden Sie beim Herbeiführen einer Entscheidung		
a) ein vertretbares Maß an Risiko einkalkulieren und dafür die Verantwortung übernehmen?	X	X
b) grundsätzlich jedes Risiko von übergeordneten Stellen absichern lassen?	X	X
c) dem Risikogedanken überhaupt keine Beachtung schenken?	X	X
17. Sind Sie der Meinung,		
a) daß sich Ihre Aufgabe als Führer darin erschöpft, Entscheidungen zu treffen?	X	X
b) daß Sie sich auch darum kümmern müssen, wie Ihre Entscheidung in Aktion umgesetzt wird?	X	X
c) daß Sie Ihre Entscheidung nochmals überdenken oder notfalls ändern müssen, wenn die Aktion ganz anders abläuft als vorgesehen?	X	X
18. Halten Sie es für notwendig		
a) über das Denken und Fühlen Ihrer Mitarbeiter unterrichtet zu sein?	X	X
b) sich über die Meinungen Ihrer Mitarbeiter in direkten Gesprächen zu informieren?	X	X
c) Ihre Mitarbeiter über Änderungen der Firmenpolitik rechtzeitig zu unterrichten?	X	X
19. Würden Sie Ihre Mitarbeiter		
a) ermutigen, stets ihre Ideen und Meinungen zu äußern?	X	X
b) auf Distanz halten, so daß sie sich nur nach Aufforderung zu einem Problem äußern?	X	X
20. Würden Sie		
a) es dulden, daß Ihre Mitarbeiter auch Kritik an Ihren Maßnahmen üben?	X	X
b) auf Kritik überlegen und so ruhig wie möglich reagieren?	X	X
c) auch unangenehme Fragen zufriedenstellend beantworten?	X	X

	Ja	Nein
21. Würden Sie die guten Leistungen eines Mitarbeiters		
a) vor den anderen würdigen?	X	X
b) in der Beurteilung für die Personalakte ausdrücklich erwähnen?	X	X
c) für selbstverständlich halten und keinerlei Aufhebens davon machen?	X	X
22. Würden Sie bestrebt sein, daß		
a) Ihre mündlichen Anordnungen immer klar und präzise sind?	X	X
b) Ihre schriftlichen Anordnungen so selbstverständlich abgefaßt sind, daß weder Rückfragen notwendig noch falsche Ausführungen möglich sind?	X	X
c) Ihre Haltung in Sprache, Mimik, Gestik stets Bestimmtheit ausdrückt?	X	X
23. Würden Sie		
a) es Ihren Mitarbeitern leicht machen, mit Ihnen zu sprechen?	X	X
b) sich über die privaten Probleme Ihrer Mitarbeiter ebenfalls Gedanken machen?	X	X
c) Ihre Sekretärin für zuständig erklären, etwaige Beschwerden oder private Bitten Ihrer Mitarbeiter zu erledigen?	X	X
24. Würden Sie sich		
a) wenn es Ihre Zeit erlaubt, persönlich um die Einarbeitung neuer Mitarbeiter kümmern?	X	X
b) stets um die Stimmung in Ihrer Gruppe kümmern und bestrebt sein, den Willen nach erstklassigen Leistungen zu entwickeln?	X	X
25. Würden Sie		
a) regelmäßig die Leistungen eines Mitarbeiters mit ihm diskutieren und ihm einen Weg aufzeigen, wie er sie gegebenenfalls verbessern könnte?	X	X
b) schwache Leistungen immer so kritisieren, daß ein Ansporn für bessere Leistungen in der Zukunft damit verbunden ist?	X	X
c) mit Ihren Mitarbeitern ehrlich deren berufliche Chancen in der Firma besprechen?	X	X
26. Würden Sie		
a) die Kraft aufbringen, bei einer Schlappe Ihrer Gruppe die Leute auch noch zu trösten?	X	X
b) eine ungerechte Beurteilung der Leistung Ihrer Gruppe seitens des Chefs stillschweigend hinnehmen und nicht die Mitarbeiter konfus machen?	X	X
c) andererseits stets zeigen, daß Sie Ihre Arbeit lieben und die Zusammenarbeit mit Ihren Leuten schätzen?	X	X

Den Auswertungsbogen für TEST Nr. 1 finden Sie auf Seite 69.

2. Haben Sie Führungsqualitäten? (Test Nr. 2)

Vorbemerkung: Zu jeder der folgenden Fragen sind mehrere Antworten gegeben. Markieren Sie mit einem Kreis den Buchstaben *jener Antwort, die Ihnen am zutreffendsten erscheint.*

I. Sind Sie objektiv?

1. Ein Gruppenmitglied erzählt Ihnen, daß Ihr Assistent ständig darauf aus ist, Sie bei Ihren Leuten und beim Chef schlecht zu machen. Würden Sie
   a) den Assistenten entfernen?
   b) dem Informanten sagen, er solle sich lieber um seine eigenen Angelegenheiten kümmern?
   c) mit dem Assistenten reden, um den Grund für sein Verhalten herauszufinden?
   d) in einem Dreiergespräch klären, ob und wieweit die ganze Geschichte auf Wahrheit beruht?

2. Zwei Leute Ihrer Gruppe sind für eine Beförderung geeignet, aber es ist nur eine offene Stelle vorhanden. Die Sache ist schwierig, weil beide Leute der Firma gleich lange angehören und auch in der Qualifikation kaum ein Unterschied zwischen beiden besteht. Der eine ist mit Ihnen gut befreundet, mit dem anderen stehen Sie so-so. Wenn Sie nun die endgültige Wahl treffen, würden Sie
   a) Ihren Freund vorschlagen?
   b) den anderen Mann vorschlagen, um aller Welt zu zeigen, daß Sie unvoreingenommen sind?
   c) eine Münze werfen?

3. Es ist ein Fehler gemacht worden. Der Mann, der dafür verantwortlich ist, war an jenem Tage beides: achtlos und blöd. Es wäre eine Wonne für Sie, ihn richtig zur Schnecke zu machen. Würden Sie
   a) schurstracks auf ihn losgehen und ihn richtig herunterputzen?
   b) sich zurückhalten, um zu zeigen, daß Sie der Selbstkontrolle fähig sind – und den Mann später unter vier Augen kritisieren?
   c) um der Harmonie in der Gruppe willen die Geschichte mit der „weichen Welle" aus der Welt schaffen?

4. Würden Sie die Bitte eines Mitarbeiters um eine vernünftige Vergünstigung ausschlagen, weil Ihnen der Mann unsympathisch ist, wenn Sie es tun könnten, ohne ungerecht zu erscheinen?
   a) Ja
   b) Nein

5. Einer Ihrer Mitarbeiter hat eine außergewöhnlich gute Leistung vollbracht. Wenn Sie das Ihrem Chef weitermelden, würde das zweifellos eine Beförderung Ihres Mitarbeiters nach sich ziehen – allerdings mit Versetzung zu einer anderen Abteilung. Aber sein Abgang würde eine empfindliche Lücke in Ihre Gruppe reißen. Würden Sie
   a) den Mann festhalten?
   b) ihn für die Beförderung freigeben und sich so gut wie möglich ohne ihn behelfen?
   c) seine Beförderung noch eine Weile hinauszögern und in der Zwischenzeit einen Ersatzmann einarbeiten?

6. Sie erfahren einiges über einen Kollegen, das wirklich schockierend ist. Er lebt zeitweise mit einer Freundin (statt bei seiner Frau) oder verwettet hohe Summen bei Pferderennen oder treibt irgendetwas anderes, was allgemein als unschicklich oder unmoralisch betrachtet wird. Andererseits spiegeln sich diese Verfehlungen nicht in seiner Arbeit; im Gegenteil – er ist ein extrem fähiger Manager, auf der gleichen hierarchischen Ebene wie Sie. Welche der folgenden Reaktionen würde Ihnen am meisten entsprechen?
   a) „Wenn ich sein Chef wäre, würde ich ihn auf der Stelle entlassen!"
   b) „Ich würde bei Gelegenheit freundlich mit ihm sprechen und ihm sagen, daß sein Lebenswandel auf Dauer nicht ohne negativen Einfluß auf seine Arbeit bleiben kann."
   c) „Ich würde durch die Art und Weise, wie ich ihm künftig begegne, zum Ausdruck bringen, daß mich sein Privatleben nicht interessiert."

II. Verstehen Sie die Beweggründe anderer Menschen?

1. Denken Sie an einen Ihrer Chefs – an einen, den Sie jetzt haben oder den Sie einmal hatten. Welche der folgenden Feststellungen trifft am besten Ihre Meinung über ihn?
   a) Ich war mir immer darüber klar, was ihn bewegte.
   b) Meistens verstand ich die Gründe für seine Handlungen.
   c) Sein Verhalten war so geschraubt, daß bestenfalls ein Nervenarzt dahintergekommen wäre, was er bezweckte.

2. Sie bemühen sich um ein freundliches Klima zu einem Mitarbeiter, den niemand in der Gruppe leiden kann. Quasi als Antwort darauf geht er eines Tages zu Ihrem Chef und erzählt dem eine ungünstige Geschichte über Sie – eine typische Halbwahrheit. Nachdem Ihr erster Ärger verflogen ist, in welche Richtung würden sich Ihre Gedanken bewegen?
   a) „So ist es im Leben! Du tust einem Mann etwas Gutes und als Dank fällt er dir in den Rücken!"
   b) „Da ist Hopfen und Malz verloren! Der macht sich in seiner Dummheit die ganze Welt zum Feind!"
   c) „Ich werde mir überlegen, wie ich den Kerl am schnellsten loswerde!"

3. Einer Ihrer Mitarbeiter bricht sich einen ab in dem Bestreben, Ihnen schön zu tun. Ihre Reaktion auf sein Radfahren wäre
   a) es zu übersehen, um ihn vor dem Zorn der anderen zu schützen;
   b) ihn auch noch zu ermuntern, nur um Ihrer Gruppe drastisch zu demonstrieren, daß das ganze Katzbuckeln nichts nützt;
   c) den Mitarbeiter deutlich merken zu lassen, daß er sich eine wohlwollende Einstellung nicht zu „erkaufen" braucht.

4. Ein neues Mitglied Ihrer Gruppe, ein ziemlich ängstlicher Charakter, hat sich ganz gut eingearbeitet und scheint seinen Job zu lieben. Eines Tages kommt er zu Ihnen und bittet um Versetzung in eine andere Abteilung, und zwar in *irgendeine* andere Abteilung. Wäre Ihr erster Gedanke
   a) erst einmal herauszufinden, was ihn plötzlich abschreckt;
   b) sich beim inoffiziellen Gruppenführer zu erkundigen, ob der Mann vielleicht von der Gruppe geschlossen abgelehnt wird;
   c) daß er bisher nur geheuchelt hätte, die Arbeit in Ihrer Abteilung gefiele ihm.

5. „Unsere neue Schnellpresse wird von Braun recht unvorsichtig bedient", berichtet Ihnen Ihr Assistent. Welche der folgenden Möglichkeiten würden Sie sofort *ausschließen*?
   a) Braun ärgert sich über die neue Maschine.
   b) Ihr Assistent sucht nach einem Grund, Braun von dieser Maschine abzuziehen.
   c) Braun ist unfallanfällig.
   d) Ihr Assistent schlägt blinden Alarm.

6. Sie sind eben ein Direktor Ihrer Firma geworden. Beim Galadiner, das Ihnen zu Ehren gegeben wird, stellen Sie fest, daß einer Ihrer Kollegen ausgesprochen „sauer" ist. Sie wissen, daß er sich ebenfalls Hoffnung auf die Position gemacht hat. Würden Sie
   a) aus seinem Verhalten schließen, daß es ihm an menschlicher Reife gebricht?
   b) der Meinung sein, daß er zu Recht nicht befördert worden ist, weil er stets unloyal war?
   c) versuchen, ihm über seine Mißstimmung hinwegzuhelfen?

III. Sind Sie flexibel?

1. Sie sind Personalchef eines Flugzeugwerkes. Eines Tages stellen Sie fest, daß die Fluktuation bei einer bestimmten Nietarbeit unglaublich hoch ist. Und zwar deshalb, weil die Arbeit in einer furchtbar engen Kabine ausgeführt werden muß. Würden Sie
   a) sehr kleine, möglichst zwergwüchsige Leute einstellen?
   b) mit der Produktionsabteilung die Möglichkeit abklären, die Arbeitsmethode in diesem speziellen Fall zu ändern?
   c) den hohen Personalwechsel als unvermeidlich hinnehmen, weil er „nun mal zum Geschäft gehört"?

2. Sie sind Vater dreier Söhne von 14, 12 und 10 Jahren. Es gehört zu Ihrem alljährlichen Ferienprogramm, daß Sie mit den Jungen eine ganz bestimmte Gratwanderung machen. Sie haben auf diesem Wege immer geführt, aber dieses Jahr bittet Ihr ältester Sohn um die Erlaubnis, vorausgehen zu dürfen. Ist Ihre Reaktion
   a) so ein dummes Gefühl: „Ich werde alt!"?
   b) Freude, daß der Junge erwachsener wird?
   c) „Wir gehen besser in der alten Reihenfolge!"

3. Würden Sie in einer Diskussion, die sich um die alte Behauptung dreht: „Es ist nicht ratsam, mitten in einer Aktion den Chef zu wechseln!",
   a) trotzdem für den Wechsel plädieren?
   b) gegen den Wechsel plädieren?
   c) gegen die Streitfrage „als solche" plädieren, jedoch dafür stimmen, daß in einem realen Fall die Pros und Contras des Chefwechsels klar herausgearbeitet werden?

4. In Ihrer Firma gibt es klare Strafandrohungen für bestimmte Verfehlungen – sagen wir Abzug von drei Stunden Lohn zugunsten des
Roten Kreuzes für Rauchen in einer Abteilung, wo das Rauchen aus
feuerpolizeilichen Gründen streng verboten ist. Ein neu Eingestellter
und ein „alter Hase" übertreten das Verbot gleichzeitig, und zwar zum
ersten Male nach der Verkündung. Wären Sie der Meinung
a) beide gehören gleichermaßen bestraft?
b) der „alte Hase" sollte billiger wegkommen, weil seine Verdienste aus
der Vergangenheit berücksichtigt werden müßten?
c) der „alte Hase" gehört härter bestraft, eben *weil* er ein „alter Hase"
ist?

5. Sie kommen zufällig in einem Park mit einem sehr freundlichen und
intelligenten Fremden ins Gespräch. Im Laufe der Unterhaltung teilt er
Ihnen mit, er sei Experimental-Psychologe und er könne den Beweis
dafür antreten, daß die Fähigkeit, mit anderen Menschen durch die vom
Gehirn ausgehenden Wellen in Verbindung zu treten, eine Tatsache
sei – wiewohl das die meisten „Experten" abstreiten. Würden Sie
a) gerne wissen, ob er noch mehr so interessante Neuigkeiten auf Lager
hat?
b) ärgerlich sein, weil Sie Ihre Zeit mit einem offensichtlich Verrückten
vergeudet haben?
c) feststellen, daß viele unserer in der Vergangenheit gehegten Vorstellungen sich als falsch erwiesen haben?

6. Beantworten Sie die folgenden Fragen, so schnell es Ihnen möglich ist:
Wieviele Enden hat ein Bleistift?
Zwei Bleistifte?
Zweieinhalb Bleistifte?

IV. Wie steht es um Ihre Fähigkeit zur Kommunikation?

1. Sie wollen ein Mitglied Ihrer Abteilung für eine besonders gute Leistung loben. Welche der folgenden Methoden würden Sie anwenden,
damit er sich am meisten freut?
a) Sie hängen eine Notiz mit der Belobigung an das Schwarze Brett.
b) Sie sprechen das Lob im Beisein aller Gruppenmitglieder aus.
c) Sie sprechen ihm Ihre Anerkennung in einem Mann-zu-Mann-Ge-
spräch, d.h. unter vier Auge aus.

2. Sie kommen unverhofft um eine Ecke im Korridorsystem Ihrer Firma. Einige Ihrer Mitarbeiter werfen mit Münzen um die Wette, obwohl die Tischzeit längst vorbei ist. Sie wollen zwar Ihre Mißbilligung zeigen, aber ohne die Leute noch verlegener zu machen, als sie ohnehin sind. Würden Sie

a) sagen: „Entschuldigung" und sich zurückziehen?

b) den Leuten sagen, sie sollen ihr Spielchen doch lieber nach Feierabend betreiben?

c) den Leuten sagen, sie sollen das Spiel *sofort* abbrechen, die Tischzeit sei vorüber?

3. Sie sind Verkaufschef Ihrer Firma und möchten die ausdrückliche Zustimmung Ihres Außendienstes für eine neue Kampagne haben. Welche der folgenden Methoden würde voraussichtlich die besten Ergebnisse zeitigen?

a) Sie beschreiben die Aktion bis ins Detail und sprechen Ihre Erwartung aus, daß jedermann sein Bestes tut.

b) Sie schalten den Außendienst in die Planung der ganzen Verkaufsaktion mit ein.

c) Sie verkünden, die zehn Besten erhalten Gehaltserhöhung plus einen Umsatzbonus von 0,5 Prozent.

4. Im allgemeinen: Würden Sie sagen, es ist einfach, ein Gerücht bis an die Quelle zurückzuverfolgen?

a) Ja

b) Nein

5. Sie sind für eine Guß-Abteilung verantwortlich. Plötzlich steigt der Ausschuß rapide, und zwar offensichtlich infolge mangelnder Sorgfalt. Sie versuchen deshalb, den Gießerei-Arbeitern den Ernst der Situation klarzumachen. Meinen Sie, es wäre am effektvollsten,

a) die Burschen zusammenzutrommeln und ihnen gehörig den Marsch zu blasen?

b) den Ausschuß der vergangenen Woche in der Mitte der Werkhalle aufzuhäufen, und zwar mit einem Schild in Form eines Grabsteines, auf dem der Verlust in DM verzeichnet wäre?

c) eine schriftliche Beurteilung über die Arbeitsweise und Arbeitsmoral jedes Gießers anzufertigen und diese Beurteilung in einem Gespräch unter vier Augen mit dem Betroffenen zu diskutieren?

6. Einer Ihrer Leute ist mit dem Gesetz in Konflikt geraten und hat sechs Monate abgesessen. Die Firma stellt ihn wieder ein. In Ihrer Gruppe entsteht eine Diskussion: die einen sind gegen den Mann, die anderen tolerieren ihn. Um seinen Wiedereintritt in die Gruppe so reibungslos wie möglich zu vollziehen, würden Sie

   a) der Gruppe klarmachen, daß es jeder mit Ihnen zu tun bekommt, der dem „Rückkehrer" Schwierigkeiten bereitet?

   b) eine Besprechung anberaumen, um nach Vorschlägen für eine möglichst reibungslose Wiedereingliederung zu fragen?

   c) es sich zur Pflicht machen, den Mann als erster freundlich zu begrüßen?

V. Wie gebrauchen Sie Ihre Autorität?

1. Sie haben einen neuen Assistenten bekommen. Er ist sehr tüchtig, aber Sie sind ziemlich sicher, er denkt, *Sie* sind es nicht. Eines Tages kommen Sie dahinter, daß er Sie übergeht und einige Dinge direkt mit Ihrem Chef besprochen hat. Würden Sie

   a) das Problem mit Ihrem Chef diskutieren?

   b) den Mann entfernen?

   c) dem Mann zu verstehen geben, daß er sich falsch benommen hat und daß Sie keine Wiederholung eines derartigen Vorfalles erwarten?

   d) ihm beweisen, daß Sie aufgrund Ihrer Erfahrung und Ausbildung als Chef voll geeignet sind?

2. Ihr Assistent kommt mit einer Petition zu Ihnen, die jeder Gruppenangehörige unterschrieben hat. Die Leute wünschen, daß eine von Ihnen kürzlich ergangene Maßnahme gegen das Krankfeiern rückgängig gemacht wird.

   a) Würden Sie auf die Forderung der Gruppe eingehen, weil sie den Willen der Mehrheit widerspiegelt?

   b) Würden Sie sagen, Sie würden die Maßnahme mit Freuden rückgängig machen, sobald sich die Bummelei gegeben hätte?

   c) Würden Sie, um sich vor künftigen Überraschungen dieser Art zu schützen, versuchen herauszufinden, wer diese Petition in der Gruppe veranlaßt hat; denn offensichtlich existiert doch ein Anführer, der Sie demütigen will?

3. Sie sind Abteilungsleiter. Nun nimmt die Geschäftsleitung eine Änderung der Firmenpolitik vor, die höchst unpopulär ist. Sie haben diese Politik Ihrer Abteilung offiziell bekanntzumachen. Würden Sie

a) zeigen, daß Sie sich über die Unbeliebtheit der neuen Firmenpolitik völlig klar sind – aber zunächst einmal eine Versuchsperiode verstreichen lassen wollen, ehe irgendwelche Änderungswünsche formuliert werden sollten?

b) es offen klarmachen, daß Sie die neue Politik mißbilligen, um sich damit das Vertrauen Ihrer Mitarbeiter zu erhalten?

c) schlichtweg erklären: „Das sind die neuen Bestimmungen, und solange ich dieser Abteilung vorstehe, werden sie auch durchgeführt!"?

4. Ein Mann Ihrer Gruppe hat ein cholerisches Temperament. Nachdem er von einem Kollegen gehänselt worden ist, schnappt er sich einen Brieföffner und kann nur mit Gewalt gehindert werden, auf seinen Kontrahenten einzustechen. Würden Sie

a) dem Mann in einem ernsten Gespräch Konsequenzen androhen, falls er sich nochmals so gehenläßt?

b) den anderen Gruppenmitgliedern raten, ihren Kollegen nicht unnötig „aufzuziehen"?

c) ihn entlassen?

d) ihn zwingen, den Betriebspsychologen aufzusuchen und von dessen Beurteilung weitere Konsequenzen abhängig machen?

5. Das Schicksal will es, daß Sie für begrenzte Zeit auf eine Gruppe von Dreijährigen aufpassen müssen. Ein kleiner Junge beginnt plötzlich, auf andere einzuschlagen. Würden Sie die Ordnung wieder herstellen, indem Sie

a) dem aggressiven Knaben einen Klaps verabreichen?

b) dafür sorgen, daß der Angreifer allein spielt?

c) dem Angreifer das Schlagen verbieten, weil es niemand liebt, geschlagen zu werden?

6. Ganz allgemein: Ist es der beste Weg, die Leute einer Gruppe „in der Spur zu halten" und ihre Anstrengungen in konstruktiver Weise zu „kanalisieren"

a) durch eine feste Hand?

b) indem man sie sich selbst überläßt?

c) indem man sie durch Teilnahme an Planungen und Entscheidungsvorbereitungen dazu bringt, als Gruppe zu funktionieren?

Wenn Sie, verehrte Leserinnen und Leser, diese beiden Tests durchgeackert haben, so vergleichen Sie jetzt Ihre Ergebnisse mit denen der folgenden Auswertung.

Auswertungsbogen für Test Nr. 1:

Die Tabelle auf der folgenden Seite zeigt *nur die richtigen Antworten* und die dazugehörigen Punkte. Wenn Sie also beispielsweise die erste Frage folgendermaßen beantwortet hätten:

a) ja
b) ja
c) nein

dann schreiben Sie in die Spalte „Ihre Pluspunkte" neben

a) ja   eine 1
b) ja   eine 0 (falsche Antwort)
c) nein eine 3.

Wenn Sie die beiden Zwischensummen am Schluß addieren, schreiben Sie das Ergebnis in das Kästchen „Endsumme".

Und hier können Sie Ihre *Wertung* ablesen:

100 – 85 Punkte = sehr gut
84 – 70 Punkte = gut
69 – 51 Punkte = gerade noch ausreichend
50 und weniger = nicht mehr ausreichend

Das heißt: Sollten Sie weniger als 50 Punkte erzielt haben, ist es dringend geboten, dieses Kapitel gründlich durchzuarbeiten; vor allem in jenen Teilen, die Sie im Test falsch beantwortet haben! Sie machen dann nämlich Führungsfehler, die Ihnen und Ihren Mitarbeitern das Leben unnötig erschweren!

Auswertungstabelle für Test Nr. 1:

Frage	Richtige Antwort	Punkte	Ihre Pluspunkte	Frage	Richtige Antwort	Punkte	Ihre Pluspunkte
1	a) ja	1	_____	15	a) nein	1	_____
	b) nein	1	_____		b) ja	2	_____
	c) nein	3	_____	16	a) ja	2	_____
2	a) ja	1	_____		b) nein	3	_____
	b) ja	1	_____		c) nein	1	_____
	c) nein	1	_____	17	a) nein	1	_____
3	a) ja	2	_____		b) ja	2	_____
	b) ja	1	_____		c) ja	1	_____
	c) ja	1	_____	18	a) ja	2	_____
4	a) nein	1	_____		b) ja	1	_____
	b) ja	2	_____		c) ja	1	_____
5	a) ja	2	_____	19	a) ja	2	_____
	b) nein	1	_____		b) nein	1	_____
6	a) ja	2	_____	20	a) ja	2	_____
	b) nein	1	_____		b) ja	1	_____
	c) nein	3	_____		c) ja	1	_____
7	nein	2	_____	21	a) ja	2	_____
8	a) nein	1	_____		b) ja	1	_____
	b) ja	2	_____		c) nein	2	_____
	c) nein	2	_____	22	a) ja	2	_____
9	a) nein	1	_____		b) ja	1	_____
	b) ja	2	_____		c) ja	1	_____
10	a) nein	1	_____	23	a) ja	1	_____
	b) ja	2	_____		b) ja	1	_____
11	a) ja	2	_____		c) nein	2	_____
	b) ja	1	_____	24	a) ja	1	_____
	c) nein	1	_____		b) ja	2	_____
12	a) ja	1	_____	25	a) ja	1	_____
	b) ja	1	_____		b) ja	2	_____
	c) nein	1	_____		c) ja	1	_____
13	a) nein	1	_____	26	a) ja	1	_____
	b) ja	2	_____		b) ja	2	_____
	c) nein	2	_____		c) ja	1	_____
14	a) ja	2	_____				
	b) nein	1	_____				

Zwischensumme 1:	
Zwischensumme 2:	
Zwischensumme 1:	
Endsumme:	

Auswertungsbogen für Test Nr. 2:

Vorbemerkung: Während der Test Nr. 1, der auf der geltenden Management-Theorie aufbaut, ganz klar „richtige" oder „falsche" Antworten ergibt, trifft dies für den Test Nr. 2 nicht unbedingt zu. Da wegen der Kürze der Fragen *zuwenig über den gesamten Hintergrund ausgesagt wird*, in dem die geschilderten Situationen angesiedelt sind, kann es zu begründeten Meinungsunterschieden kommen, welche der vorgegebenen Antworten die „richtigste" ist.

Der Wert dieses Tests ist in erster Linie darin zu sehen, daß man sich selbst immer wieder fragen muß: „Wie würdest du dich in dieser Situation verhalten?" – falls man sie nicht schon in der Praxis erlebt hat und daher *weiß*, wie man reagiert hat.

Der hier gegebenen „Lösung" liegen die nach der subjektiven *Meinung des Autors optimalsten Antworten* zugrunde. Sollten Sie anders geantwortet haben, so ist dies kein Beinbruch; aber vielleicht lohnt es sich trotzdem für Sie, darüber nachzudenken, *warum* Sie sich in den geschilderten Situationen anders verhalten würden als der Verfasser des Tests...

Auswertung (= „richtige Antworten"):

Gruppe I: 1d, 2a, 3b, 4b, 5c, 6c.
Gruppe II: 1b, 2c, 3c, 4a, 5d, 6c.
Gruppe III: 1b, 2b, 3c, 4a, 5c, 6 = 2, 4, 6.
Gruppe IV: 1b, 2b, 3b, 4b, 5b, 6c.
Gruppe V: 1c, 2b, 3a, 4a, 5b, 6c.

Errechnung der Punktzahl: Rechnen Sie 10 Punkte für jede richtig beantwortete Frage. Jede der 5 Gruppen wird für sich berechnet. Wenn Sie die erreichte Punktzahl der einzelnen Gruppen miteinander vergleichen, können Sie starke und schwache Stellen in Ihrem „Führerverhalten" feststellen. Als grobes Wertungsschema hinsichtlich der erreichten Punkte pro Gruppe gilt: 60–50 = sehr gut; 40–30 = gut; unter 30 = schwach.

3. Essay: Was heißt „managen"?

Wenn man sich als „Lebensberater für Manager" betätigen will, und darauf läuft alles Coaching letztlich hinaus, so sollte man mit der Thematik „Management" wirklich *rundum* vertraut sein. Dies erreicht man, wenn man alle Fakten dieses Bereiches immer wieder unter verschiedenen Gesichtspunkten durchdenkt – auch wenn man ein „alter Hase" ist und glaubt, daß man auf diesem Gebiet wirklich fit ist. Ich erlaube mir deshalb anzumerken, daß man bei der Reflexion des Themas „Management" immer dann zu neuen Einsichten gelangen kann, wenn man sich einem neuen Autor zuwendet. Ich bringe deshalb jetzt diesen Essay, der zur Ergänzung und Abrundung der vorausgegangenen Tests dienen soll.

Die übliche Übersetzung des Wortes „managen" lautet: „anleiten und kontrollieren". Der Metabegriff beinhaltet indessen: Mitarbeiter so zu führen, daß ein vorgegebenes Ziel durch gemeinsame Anstrengung von Führer und Geführten erreicht wird. Deshalb ist der Manager in Wirklichkeit eine Drei-Einheit: Führer, Motivator, Moderator. Wobei gilt, daß diese drei Aufgabenstellungen untrennbar miteinander verquickt sind. Und: daß das Fehlen auch nur einer dieser drei Fähigkeiten erfolgreiches Management sehr erschwert oder sogar verhindert.

Was nun das „Führen" betrifft, so gilt für das Management in der Wirtschaft auch, was beim Militär Basis jedes Befehls ist: Feindlage – eigene Absicht. Das bedeutet: Der (feindliche) Markt bestimmt, was zu tun oder zu lassen ist. Erst nach einer Marktanalyse kann ich als Verantwortlicher überlegen, welches Ziel ich mit den mir zur Verfügung stehenden Ressourcen erreichen will.

Die wertvollste Ressource eines Unternehmens sind seine Menschen. Das hört man oft als Lippenbekenntnis – in der Praxis haben jedoch finanzielle Überlegungen, d.h. die Beschaffung von Kapital und die damit zu erzielende Rendite, Vorrang. Deshalb ist die Vernachlässigung der Mitarbeiterbedürfnisse eine der häufigsten Ursachen für Mißmanagement und seine verheerenden Folgen.

Schuld an diesem „nationalen Unglück" sind in erster Linie die Amerikaner, die mit ihrer Politik des schnellen Gewinnes, das heißt einer pro Quartal zu erwirtschaftenden Rendite, zwei wesentliche Faktoren jeder erfolgreichen Unternehmensführung mißachten: Investitionen in die Zukunft und das Heranziehen einer qualifizierten und motivierten Stammbelegschaft.

Unsere Lehrstuhlinhaber für Betriebswirtschaft lassen sich durch zwei Verhaltensweisen kennzeichnen: durch ihr Nachäffen des amerikanischen „Way of life" und durch die Tatsache, daß Lehrstuhlinhaber hochgediente Beamte sind, die nie selbst als Manager Verantwortung in der Wirtschaft getragen haben. Und da sie im „Glaskasten Universität" nur von beflissenen Assistenten umgeben sind, können sie sich überhaupt nicht vorstellen, was es bedeutet, sich mit qualifizierten Mitarbeitern in einem Unternehmen auseinanderzusetzen – zum Beispiel bei der Erarbeitung einer Entscheidung. Fazit: „Praktische Psychologie" findet auf unseren Hochschulen nicht statt.

Nun besteht, worüber nie geredet wird, eine gewisse Dialektik zwischen Führer und Geführten. So ist, beispielsweise, ein Gruppenleiter von seinen Mitarbeitern genauso abhängig wie diese von ihm. Wenn Mitarbeiter eine Aufgabe haben, die ihnen halbwegs Spaß macht, die dafür ausgehandelte Bezahlung bekommen und vom Chef ab und zu gelobt werden, halten sie still und arbeiten – mehr oder weniger gemächlich! – vor sich hin. Wehe aber, wenn dieser „kleine Gruppenleiter" plötzlich verlangt, daß wegen Terminnot „ein Zahn zugelegt" wird und vielleicht sogar Überstunden geschoben werden müssen – dann hört sich die Gemütlichkeit auf! Dann wird dieser „Vor-Gesetzte" Schwierigkeiten bekommen, wenn er nicht „von Haus aus" ein Führer mit gewachsener Autorität ist und in der Vergangenheit ein gedeihliches Verhältnis zu seinen Mitarbeitern entwickelt hat.

Damit sind wir bei der Frage des Führungsstils. Welche Art von Führungsstil ein Manager praktizieren kann, hängt (laut E. Fiedler) von drei Gegebenheiten ab:

● von seinem Charakter

● von der Qualifikation seiner Mitarbeiter

● von der Situation, in der er führen muß.

Über den Charakter eines Managers habe ich bereits ausführlich referiert. Wenn er den von mir so genannten „Aktionswilligen" angehört, ist er ein typischer Mittel-Manager. Dann hat er zwar nicht das extreme Führungsbedürfnis wie ein „Macher" – aber meistens doch so viel Dominanzstreben, daß er sich nicht von seinen Mitarbeitern auf der Nase herumtanzen läßt. Im übrigen hält er sich an bewährte Spielregeln, die seine Autorität sichern:

- er gibt klare Anweisungen,
- kontrolliert deren Durchführung,
- hat keine Günstlinge und
- ist „vertraulichen Mitteilungen" nicht zugängig, weshalb es in seiner Gruppe bzw. Abteilung keine Intrigen gibt.

Wer indessen als Persönlichkeit zu schwach ist, obige Spielregeln zu gewährleisten, fällt irgendwann dem „Peter-Prinzip" zum Opfer: er ist durch Beförderung auf das Niveau seiner Unzulänglichkeit gehievt worden. Und so wanzt er sich bei seinen Leuten an, schwärmt von Teamwork und Gruppenentscheidungen, ist mit dem halben Haufen per Du und beweist aller Welt, daß ihm ein Charakterzug zur Gänze fehlt: der „Wille zur Macht", heute beschönigend „Dominanzstreben" genannt.

Was die Qualifikation der Mitarbeiter in einem Unternehmen angeht, muß zwischen zwei Beurteilungsverfahren unterschieden werden: zwischen der Beurteilung durch einen Vorgesetzten (oder Personalchef) und der Bewährung in der Praxis. Das heißt, in Deutschland (und in den USA) ist es üblich, einen Mitarbeiter – mit oder ohne Führungsfunktion – nach einem „Anforderungsprofil" auszuwählen und einzusetzen. Bringt der Mitarbeiter nicht die erwartete Leistung, so sagt niemand, vielleicht war das Anforderungsprofil untauglich – nein, da hat der Mitarbeiter versagt! Als Folge dieses hirnrissigen Beurteilungssystems werden Legionen fähiger Menschen demoralisiert und verschlissen! Es geht allerdings auch anders: Akio Morita, Sony-Chef und meines Erachtens der Welt erfolgreichster Unternehmensführer, geht ganz anders vor und vergleicht sein System der Mitarbeiterauswahl und ihrer Verwendung mit dem Bau einer Mauer. Und argumentiert wie folgt: Die Amerikaner bauen eine Ziegelmauer aus genau vorgeformten Ziegeln; das heißt: Wer von den Bewerbern nicht dem ziegelsteinartigen Anforderungsprofil entspricht, wird gar nicht eingestellt. Wird er aber eingestellt, weil er das Unternehmer-Gardemaß aufweist, wie die „Langen Kerls" des Soldatenkönigs, so bleibt er auf jenem Arbeitsplatz sitzen, für den er so vorzüglich geeignet scheint.

Morita macht das anders: Er vergleicht die Mitarbeiter eines Betriebes mit Felsbrocken verschiedener Größe und Formen, mit denen er ebenfalls eine Mauer errichten will. Aber eben keine Mauer aus lauter genormten Ziegeln! Morita versucht, die verschiedenen Felsbrocken so anzuordnen, daß letztlich ebenfalls eine schöne Mauer entsteht. Was nichts anderes bedeutet, als daß er die „Felsbrocken-Mitarbeiter" entsprechend ihren besonderen „Maßen" und Eigenschaften Stück für Stück „einpaßt". Manche muß er mehrmals an eine andere Stelle seiner Mauer schaffen – bis so ein Brocken das optimale Umfeld gefunden hat. Und dort funktioniert er dann prächtig! Das Morita-Mauer-System bedeutet indessen für die Bewerberauswahl: Wenn bei der Vorstellung ein Bewerber überhaupt „Brocken-Eigenschaften" zu erkennen gibt – dann wird er eingestellt! Es wird sich dann schon erweisen, an welche Stelle der Mauer er am besten paßt! Womit wir beim Thema „Rotation" wären.

In Deutschland ist man, zu Recht, immer stolz darauf gewesen, daß wir gut ausgebildete Facharbeiter hatten, angeleitet von Meistern, von denen Richard Wagner singen ließ: „Verachtet mir die Meister nicht!" Dieses System hat durch Jahrhunderte hindurch nicht nur trefflich funktioniert, weil der Ausbildungsstand der Facharbeiter so hoch gewesen ist; es hat vor allem deshalb funktioniert, weil deutsche Meister nicht nur fachlich ihren Mitarbeitern überlegen waren, sondern weil sie gute Menschenführer gewesen sind – ohne jemals so etwas wie ein „Management-Seminar" besucht zu haben!

Allerdings hat dieses im Prinzip erfolgreiche System einen Pferdefuß, der sich in der deutschen Arbeitsmentalität bis heute bemerkbar macht: Dieses System führt zu Unflexibilität, weil ein Facharbeiter in der Regel nur in jenem Bereich arbeitet, für den er ausgebildet worden ist. So wird ein gelernter Schweißer nur als Schweißer eingesetzt – und motzt im übrigen, wenn er mal eine andere Arbeit verrichten soll, weil gerade nichts zu schweißen da ist. Das gilt für alle Arten von Gesellen – vom „Spitzendreher" über den „Autoelektriker" bis zum „Kunstschreiner". Keiner ist bereit, eine andere Arbeit als die ausdrücklich gelernte auszuführen – schon aus Statusgründen! Fazit: Der deutsche Facharbeiter ist unflexibel und weigert sich, freiwillig zu rotieren.

Jetzt wird der Unterschied im Denken eines Akio Morita und eines deutschen Top-Managers klar: Außer der Rotation, die nach der Einstellung erfolgt, um die richtige Mauerstelle für den neuen Mitarbeiter herauszufinden, wird das Rotationsprinzip durch Morita bei zwei weiteren

Gelegenheiten angewandt: wenn sich die Firmenpolitik ändert und deshalb in anderer Weise als bisher produziert werden muß. Und: wenn sich der Mitarbeiter ändert – denn kein Mensch bleibt Zeit seines Lebens der gleiche!

Für den letzten Punkt, daß sich nämlich jeder Mensch ändert, muß noch eine psychologische Gegebenheit angeführt werden: In Deutschland war es immer üblich, in etwa wie folgt zu denken, weil wir so programmiert worden sind: Bis Dreißig geht es leistungsmäßig konstant aufwärts, zwischen Dreißig und Vierzig befindet sich der Mann auf dem Niveau seiner Höchstleistungen – aber ab Vierzig geht es beständig abwärts, in Richtung Grube. Das heißt, die Meinung, daß es ab Vierzig mit den Leistungen eines Menschen bergab gehen *muß*, sitzt tief in unserem Unterbewußtsein. Und viele Menschen leisten in der zweiten Lebenshälfte in der Tat weniger, weil sie sich nichts mehr zutrauen! Und die Personalchefs in Industrie und Wirtschaft, auch nicht besser informiert als jene Mitarbeiter, in deren Leben sie Schicksal spielen, weil sie, beispielsweise, erfahrene Manager ab Fünfundvierzig hinausekeln – jene Personal*verwalter* haben noch nie davon gehört, daß bei Menschen, die viel denken, noch im Alter zusätzliche Dendriten, das sind Nervenverbindungen, wachsen – so daß ältere Menschen oft klüger sind als jüngere! Die Annahme, ältere Menschen seien geistig nicht mehr so leistungsfähig wie jüngere, ist nichts als ein Vorurteil! Doch hat schon Einstein mit der ihm eigenen geistigen Klarheit formuliert: „Es ist leichter, ein Atom zu zertrümmern als ein Vorurteil!"

Wir haben, verehrte Leserinnen und Leser, festgestellt, daß es – nach E. Fiedler – drei Faktoren gibt, die den Führungsstil eines Managers bedingen: der Charakter des Führers, die Qualifikation seiner Mitarbeiter und die Situation, in der er führen muß. Mit diesem dritten Faktor wollen wir uns nun noch kurz beschäftigen.

Von den vielen Einflüssen, die die Arbeit in einem Unternehmen bestimmen, seien hier nur die internen berücksichtigt, als da beispielsweise sind: Tradition, Tabus, Fehlen einer klaren Firmenpolitik, Fehlen eines verbindlichen Organigramms, Fehlen von Stellenbeschreibungen, unzureichender Informationsfluß, Vetternwirtschaft und weiteres mehr.

Das „Umfeld Betrieb" ist gewissermaßen das Wasser, in dem der „Fisch Manager" schwimmen muß. Nun kann dieses Wasser sehr zähflüssig sein, bedingt durch verzopfte Traditionen und Tabus. Außerdem gibt es in vielen Firmen keine definierte Geschäftspolitik, was Unsicherheit in der Belegschaft hervorruft: niemand weiß, wo es lang geht …

Nehmen wir der Einfachheit halber an, in einem Unternehmen gäbe es eine allen bekannte, schriftlich fixierte Firmenpolitik und ein Organigramm, das die Kompetenzen verbindlich abklärt. Dann wird die *Situation des einzelnen Managers*, zufolge der Theorie des bereits erwähnten amerikanischen Psychologen und Unternehmensberaters Fred E. Fiedler, von drei Faktoren bestimmt:

- den Führer-Mitarbeiter-Beziehungen,
- der Aufgabenstruktur,
- der Positionsmacht.

Mit dem ersten Punkt ist angesprochen, was ich bereits als „Kommunikationsfähigkeit" bezeichnet habe. Je kommunikationsfähiger ein Manager ist, desto mehr wird sein Führungsstil „mitarbeiterbezogen" sein. Jedoch ist hier eine deutliche Warnung angebracht: Die Fähigkeit, zwischenmenschliche Beziehungen herzustellen, darf nicht mit Verbrüderung verwechselt werden! Wer seine Mitarbeiter zu lauter „Freunden" macht, verspielt seine Autorität! Wenn aber ein Manager führungsschwach ist, weil ihm jegliches Dominanzstreben abgeht, dann setzen ihn Verbrüderungsversuche nur der Lächerlichkeit preis. Wer möchte schon mit einem Versager befreundet sein?

Fazit: Zu große Nähe tut weh! Lieber etwas zuviel Distanz als zuwenig! Das war auch *ein* Ergebnis der berühmten Studie von McClelland und Burnham: *Das Machtbedürfnis eines Chefs muß stärker sein als der Wunsch, sich bei Mitarbeitern beliebt zu machen.*

Der nächste Punkt wird von Fiedler mit „Aufgabenstruktur" bezeichnet. Damit ist gemeint: Ist das Ziel oder das Ergebnis, das der Manager erreichen soll, klar formuliert? Gibt es nur *einen* Weg, die Aufgabe zu erfüllen? Wie leicht ist es, nachzuprüfen, ob die Aufgabe richtig erledigt worden ist? Zu diesem Fragenkomplex ist man sich in der Management-Theorie einig: *Führer haben höhere Einflußchancen, wenn ihre Aufgabe hochstrukturiert ist und sie wissen, was zu tun ist.* Wird Führern genau gesagt, was getan werden muß, so sind sie von der Ungewißheit befreit, die mit dem Treffen selbständiger Entscheidungen verbunden ist.

Als Beispiel einer unstrukturierten Aufgabe führt Fiedler den Chef eines Forschungslabors an, weil es außerordentlich schwierig ist, vorauszusagen, welche Richtung der Forschung in eine Sackgasse führen wird und welche zu einem marktfähigen Produkt. Zudem müssen die Mitglieder eines Forschungsstabes stets selbständig urteilen, und der Chef der Gruppe kann nicht jede Phase des Projekts überwachen und kontrollieren. *Wer eine sehr unstrukturierte Arbeit überwacht, kann nur dem Namen nach Kontrolle über die Art der Aufgabenerfüllung ausüben.*

Punkt drei obiger Aufstellung, die von Fiedler sogenannte „Positionsmacht", beinhaltet den Machtumfang, der einem Manager von der Unternehmensleitung zugesprochen wird. Ob er beispielsweise Mitarbeiter einstellen, disziplinarisch bestrafen, sie finanziell höher einstufen, sie versetzen oder entlassen darf. Die „Autorität kraft Amtes" hängt also entscheidend von der Positionsmacht ab, die einem Manager von höchster Stelle verliehen wird.

Wie weit sich andererseits ein Führer durchsetzt, wenn seine Positionsmacht nicht besonders hoch ist, hängt weitgehend davon ab, ob er über eine „gewachsene Autorität" verfügt. Da diese Art Autorität unter anderem von der menschlichen Reife abhängt, kann jedem, der eine Führungsposition innehat und vielleicht noch ein Stück höher klettern will, nur dringend empfohlen werden: *Arbeiten Sie ständig an sich im Sinne einer Selbstverwirklichung!* Karrieresüchtige Manager, die nur auf ihr Ziel hinarbeiten und dabei übersehen, etwas für ihre menschliche Weiterentwicklung zu tun, finden sich zuweilen völlig isoliert und „unverstanden" wieder. Niemand mag sie – das ist der Anfang vom Ende einer Karriere!

Verehrte Leserinnen und Leser, die Sie sich dem Coach-Beruf zuwenden wollen: Ich hoffe, es ist Ihnen mittlerweile aufgegangen, daß man als Coach die Problematik des Managens voll erfaßt haben muß, um strauchelnden Führungskräften wieder auf die Beine helfen zu können! Um Ihnen (und jenen Managern, die möglicherweise dieses Buch lesen) eine gewisse Sicherheit zu vermitteln, daß die Problematik des Führens erkannt und innerlich akzeptiert worden ist, folgt nunmehr eine Art Checkliste, deren Fragen Sie bei „Ja" oder „Nein" ankreuzen können. Ich rufe Ihnen also wieder einmal zu: Frisch ans Werk!

4. Frage- und Antwortspiel zur Problematik des Managens

	Ja	Nein
1. Das beherrschende Motiv eines Managers muß sein, ein vorgegebenes Ziel mit seiner Crew zu erreichen		
2. Ein erfolgreicher Manager ist in erster Linie Motivator, dann erst Führer		
3. Zwei Faktoren bestimmen die Zielsetzung einer Management-Entscheidung: die Lage am Markt und die Art der Ressourcen		
4. Die wertvollste Resource eines Unternehmens sind seine Kapitalgeber		
5. Ein Unternehmen besteht aus Menschen. Fehlentscheidungen der Geschäftsführung, also Mißmanagement, trifft die Mitarbeiter immer härter als die Aktionäre		
6. Die Politik des schnellen Gewinnes verhindert Zukunftsinvestitionen und das Heranziehen einer Stammbelegschaft		
7. Es gibt keine Wirtschaftstheorie, die allen Imponderabilien des Weltmarktes gerecht wird – auch nicht die Theorie vom „freien Spiel der Kräfte"		
8. Wenn eine Abteilung mehrheitlich gegen ihren Leiter eingestellt ist, bricht dessen „Führerschaft" zusammen		
9. Der erfolgreich praktizierte Führungsstil eines Managers ist hauptsächlich auf seinen Charakter zurückzuführen		
10. Ein auf Dauer erfolgreicher Manager hält sich an bewährte Führungsspielregeln: er gibt klare Anweisungen, verzichtet auf Kontrollen und verläßt sich auf die vertraulichen Berichte einiger Günstlinge		
11. Ein „menschlich orientierter Manager" verachtet Karrierestreber, ist mit seinen Leuten per Du und erreicht dadurch mehr als „autoritäre Kollegen"		
12. Das „Anforderungsprofil" ist das einzig zulässige Kriterium für die Beurteilung eines Bewerbers oder Mitarbeiters		
13. Wenn sich ein Mitarbeiter – mit oder ohne Führungsfunktion – fachlich für eine bestimmte Aufgabe qualifiziert hat, sollte man ihn auf keinen Fall für eine andere Aufgabe abziehen		
14. Wenn sich die Firmenpolitik, durch Veränderungen am Markt, ändert, ist die innerbetriebliche Rotation oft das „Mittel der Wahl"		
15. Wenn langjährige Mitarbeiter in ihrer „Midlifecrisis" in manchen Bereichen ihr Verhalten modifizieren, ist es Zeit, sich von ihnen zu trennen		
16. Die Annahme, ältere Menschen seien geistig nicht mehr so leistungsfähig wie jüngere, ist kein Vorurteil, sondern Tatsache		

	Ja	Nein
17. Einen zielbewußten und energischen Manager interessiert es nur am Rande, wie die innere Situation eines Unternehmens beschaffen ist, für das er arbeitet		
18. Manager haben größere Einfluß- und damit Erfolgschancen, wenn ihre Aufgabe hochstrukturiert ist und sie wissen, was zu tun ist		
19. Die „Autorität kraft Amtes" hängt bei Managern in Großunternehmen entscheidend von der „Positionsmacht" ab, die ihnen von der Geschäftsleitung verliehen wurde		
20. Eine „gewachsene Autorität", für die nicht ständig eingetreten werden muß, hängt ausschließlich von der menschlichen Reife eines Managers ab.		

Verehrte Leserinnen und Leser: Wenn ich unterstelle, daß Sie meine in obigem Essay geäußerten Ansichten akzeptiert haben, dann müßten Ihre Antworten im „Frage- und Antwortspiel" so ausgefallen sein:

Nr.	Ja	Nein	Nr.	Ja	Nein
1	X		11		X
2	X		12		X
3	X		13		X
4		X	14	X	
5	X		15		X
6	X		16		X
7	X		17		X
8	X		18	X	
9	X		19	X	
10		X	20	X	

* * *

Wir haben uns bisher, verehrte Leserinnen und Leser, ausschließlich mit der geistigen Einstellung eines Managers zu seinen Aufgaben beschäftigt. Da wir alle jedoch durch unseren Körper leben, müssen wir uns nunmehr noch mit der körperlichen Verfassung eines Managers abgeben. Wobei ich Ihnen demonstrieren werde, daß der Römerspruch „Ein gesunder Geist wohnt in einem gesunden Körper" nicht korrekt ist. Wahr ist vielmehr: *Nur ein gesunder Geist hat einen gesunden Körper zur Folge!* Das müssen Sie als Coach wissen, wenn Ihnen ein geplagter Manager etwas über seine Magengeschwüre, seine Schlaflosigkeit oder über einen therapieresistenten Hautausschlag erzählt … Also bitte: Blättern Sie um!

Teil 3

Des Pudels Kern

Der Manager und seine (psychische) Gesundheit

Die Überschrift dieses Kapitels könnte genausogut (und genauso korrekt) heißen: „Der Coach und seine Gesundheit." Denn wenn Sie als Coach nicht psychisch gesund sind – wie wollen Sie dann einem gestreßten Manager weiterhelfen, der Ihnen erzählt, daß er unter Depressionen und Verdauungsbeschwerden leidet? Und daß er ständig Rückenschmerzen hätte, von denen ihn weder der Arzt noch der Physiotherapeut befreien könnte? Und der, während er Ihnen seine Krankheitsgeschichte erzählt, ein paar Tabletten in den Mund schiebt und hastig zerkaut, mit der Bemerkung, Sodbrennen sei sein Dauerleiden, seit er, vor 15 Jahren, eine Führungsfunktion in der Industrie übernommen hätte?

1. Descartes – einer der großen Übeltäter der Menschheit

Eine der Ursachen, die unser Leben seit dem 17. Jahrhundert immer unmenschlicher gemacht haben, ist das Auftauchen von genialen Menschen von der Art eines René Descartes (lateinisch: Renatus Cartesius). Er war einer der größten Mathematiker, den die Menschheit hervorgebracht hat. Im übrigen bezweifelte er alles, was er wahrnahm, nur die Tatsache nicht, daß er dachte: „Cogito ergo sum". Und so versuchte er, alles Erkannte auf einfache mathematische Prinzipien abzuleiten. Des weiteren vertrat er die strikte Willensfreiheit: „Der freie Wille ermöglicht es dem Menschen, diese Vorstellung zu bejahen, jene zu verwerfen. Nur in dieser Tätigkeit des Willens, nicht in den Vorstellungen selbst, liegt die Quelle allen Irrtums. *Wir haben es selbst in der Hand, richtig oder falsch zu denken und zu erkennen.*" Ähnlich führte Descartes die Physik auf eine simple Formel zurück: „Die ganze Physik kann auf streng mathematische Weise aus den drei Begriffen der Ausdehnung, der Bewegung und der Ruhe konstruiert werden. Alles, *auch die Vorgänge im lebenden Körper*, ist mit diesen Grundbegriffen mathematisch und mechanisch zu erklären." Da haben wir den Salat: Der Mensch ist letztlich nichts als eine komplizierte Maschine ...

Natürlich kam Descartes in Schwierigkeiten, als er darüber reflektierte, wie ein im Geiste sich abspielender Vorgang Ursache einer Bewegung in der Welt des Körpers sein könne. Oder wie, vice versa, ein körperlicher Vorgang einen Denkvorgang auslösen könne? Mit anderen Worten: hier trat das „psychophysische Problem" auf, die Frage nach dem Verhältnis von Körperlichem und Psychischem im Menschen. Descartes fand dazu keine Antwort. Aber einige Nachfolge-Philosophen des Descartes, die „Occasionisten", konstruierten sich eine Antwort zusammen: Es sieht nicht nur aus wie ein Wunder, daß Denkart und körperlicher Vorgang zusammen auftreten – es *ist* ein Wunder! Ein göttliches Wunder, das darin besteht, daß Gott bei Gelegenheit (occasio) meines diesbezüglichen Willens meine Hand bewegt!

Dieser Ansicht scheint eine große Zahl unserer Schulmediziner heute, knapp vierhundert Jahre später, immer noch zu huldigen: weil dieser Teil der Ärzteschaft mit unglaublicher Borniertheit bestreitet, daß die Psyche Einfluß auf die körperliche Befindlichkeit nehme! Was ist die Folge? Diese „Hausärzte" verschreiben einem gestreßten Manager beispielsweise Beruhigungsmittel (Tranquilizer), Mittel gegen Depressionen (Antidepressiva) und unzählige Präparate gegen „Kopfschmerzen", wiewohl deren wahre Ursachen kaum zu diagnostizieren sind. Es sei denn, der Arzt würde nach den beruflichen Problemen so eines Manager-Patienten fragen …

2. Die Verwechslung von Symptomen und Ursachen

Wenn wir davon ausgehen, daß der „liebe Gott" – oder wer auch immer – unseren Körper erschaffen hat oder in einer langen Evolutionszeit hat werden lassen, können wir getrost unterstellen, daß Krankheiten nicht in das musterhafte Menschenbild des Schöpfers gehören. Und wenn wir weiter davon ausgehen, daß der Geist die Materie beherrscht, so ergibt sich unweigerlich der Schluß, daß jede Krankheit die Folge einer psychischen Irritation ist. Mit anderen Worten: Wenn wir seelisch nicht gesund sind, ist es nur eine Frage der Zeit, wann sich dieses psychische Kranksein auf unsere Organe niederschlägt. Über diese Konsequenz sind sich die großen Heiler der Menschheit über alle Zeiten hinweg einig gewesen.

Wenn also beispielsweise der deutsche Vertriebsmanager eines amerikanischen Multis, der seine Produkte – wie in den USA – ausschließlich im Direktvertrieb unter die Leute bringt, die Aufgabe übernimmt, die Zahl der Außendienstmitarbeiter in Deutschland zu verdoppeln, dann ist es nur eine Frage der Zeit, wann dieser Manager auf einer Sonderdeponie für „ausgebrannte" Führungskräfte landet. Weil

● man heute keine jungen Leute mehr findet, die tagein-tagaus an mindestens 150 Türen läuten, um das Produkt anzubieten;

- diese Tätigkeit ausschließlich auf Provisionsbasis abgewickelt wird;
- die Leute, die sich auf eine derartige Außendiensttätigkeit einlassen, keinerlei Aufstiegschancen haben.

Andererseits wissen Kenner der US-Wirtschaft, daß die Herren, die das „Board of Directors" bilden, in aller Regel keine Ahnung von den wirtschaftlichen Verhältnissen in Deutschland haben; sie wissen nur, daß die Deutschen zu den reichsten Nationen gehören und daß es deshalb, vor allem nach der Wiedervereinigung, möglich sein muß, in diesen Markt von 80 Millionen Menschen noch viel mehr hineinzuverkaufen als bisher. Und so visiert man wohlgemut eine Umsatzsteigerung von 12 Prozent für das kommende Geschäftsjahr an, wobei man von zwei Prämissen ausgeht:

- daß man ein deutsches „Vertriebs-As" angeheuert hat, und
- daß es diesem Wundermanne schon gelingen wird, die Zahl der bisher 120 Außendienstmitarbeiter auf 240 zu erhöhen. (Die bisherige Fluktuationsrate von 60 Prozent übersieht man bei dieser „Kalkulation" geflissentlich.)

Und dann folgt, für den deutschen Manager, eine dieser berühmten Milchmädchenrechnungen: Er könne, nach den bisherigen Erfahrungen, mit einer Subprovision von etwa DM 1000,– pro Mitarbeiter rechnen, so daß er auf ein Jahreseinkommen von rund einer Viertelmillion komme. Auf diese Rechnung fiel unser Manager herein, der bisher angestellter Vertriebsmann gewesen war und nun endlich „das große Geld" verdienen wollte …

Nach einem halben Jahr, in dem er bei seinen Versuchen der Personalbeschaffung und -einarbeitung nur Mißerfolge gesammelt hat, kommt er zu einem Coach – vielleicht zu Ihnen? – und erzählt, in völliger Verkennung von Ursache und Wirkung, daß er folgende Krankheitssymptome aufweise, die ihn daran hinderten, seiner Aufgabe gerecht zu werden:

- Schlaflosigkeit
- Appetitlosigkeit
- migräneartige Kopfschmerzen und
- Depressionen.

Im übrigen sei er, wegen der Schlaflosigkeit, morgens furchtbar zerschlagen und müsse ein Aufputschmittel nehmen, um überhaupt arbeiten zu können. Abends nehme er dann, um etwas Schlaf zu ergattern, ein Schlafmittel …

(Weitere Symptomschilderungen können Sie, verehrte Leser, in den Büchern von Kurt Tepperwein und Thorwald Dethlefsen nachlesen – siehe Literaturverzeichnis.)

Und nun stelle ich Ihnen, verehrte Coach-Kollegen beiderlei Geschlechts, die *Gretchenfrage:* Was raten Sie diesem Klienten?

Meine Antwort: Wenn Sie etwas von Ihrem Coach-Handwerk verstehen und einen Rest von Charakter besitzen, dann gibt es nur einen Rat für diesen aus Geldgier gestrauchelten „Manager": „Schmeißen Sie diesen Job sofort hin! Denn wenn Sie das nicht tun, enden Sie nach einem weiteren halben Jahr in der Psychiatrie oder durch Selbstmord!"

Bei diesem Fall, der nicht erfunden ist, kommt eines klar zum Vorschein: *Die Verantwortung, die ein Mensch übernimmt, der sich „kraft eigener Bestellung" zum Lebensberater aufwirft!*

Um zu verstehen, warum ich mich in einigen Fällen tatsächlich so entschieden habe, müssen wir uns kurz über die „Psychologie des Erfolges" unterhalten.

Es ist klar, daß es eine Reihe von Motiven gibt, warum ein Mensch Erfolg anstrebt: Karrieremachen, Statushascherei, Geldgier… Im übrigen streben viele nach beruflichem Erfolg, um eine angeborene oder erworbene Minderwertigkeit zu kompensieren. Oder, um ein letztes wirksames Motiv zu erwähnen: weil man einem verhaßten Vater beweisen will, daß man tüchtiger ist als er.

Aber, jetzt kommt ein Faktor, der nie erwähnt wird: Ein Manager ist auch von der Situation abhängig, im Rahmen derer er arbeiten muß! Wir haben dies im Zusammenhang mit Fiedlers Führungsstil-Modell besprochen. *Fazit: Der tüchtigste Manager muß scheitern, wenn die Rahmenbedingungen nicht stimmen!*

Das bedeutet, auf unser obiges Beispiel bezogen:
- Unser Manager hat es versäumt, zuerst einmal eine Marktanalyse zu machen (oder machen zu lassen): Welche Chancen hat dieses amerikanische Produkt überhaupt auf dem deutschen Markt?
- Wie war bisher die Umsatzentwicklung? Hat man ihm konkrete Zahlen gezeigt – oder etwa mit „gezinkten Karten" gearbeitet?

- Welche Ursachen hat die hohe Fluktuation von 60 Prozent?
- Aus welchen Gründen ist sein Vorgänger ausgeschieden?

Und, last not least: Hat er, der betroffene Manager, der vorher Angestellter gewesen ist, überhaupt die Qualifikation, einen Außendienst auf Handelsvertreter-Basis zu führen und zu motivieren?

Bei dieser Lage der Dinge kann man diesem „Vertriebsleiter für Deutschland" nur raten, sofort das Handtuch zu werfen. Denn: Die psychische Gesundheit rangiert allemal vor dem angeblich „großen Geld". Und vor der Visitenkarte mit dem Aufdruck: „Sales Director for Germany". Sind wir uns da einig?

Zum Glück sind derartige Extremfälle nicht die Regel. Den meisten gestreßten Managern kann man helfen. Wie, das ist Inhalt des nächsten Abschnittes.

3. Beratungstips an Hand eines Mandalas

Wenn ein Manager gescheitert ist, kann dies verschiedene Ursachen haben. Er kann falsch motiviert sein – darüber haben wir schon gesprochen (Beispiel: „Das große Geld verdienen"). Es kann aber auch sein, daß so ein Manager sein Handwerkszeug nicht beherrscht. Mit anderen Worten: Er ist kein Manager, sondern ein „Miß-Manager".

Um diese Frage abzuklären, kann man sich des folgenden Mandalas bedienen, das ich mit freundlicher Genehmigung des Verlages BVB meinem „Schnellkurs zum Manager" entnommen habe. Also: In welchen Tätigkeits- und Aufgabengebieten sollte ein Manager fit sein?

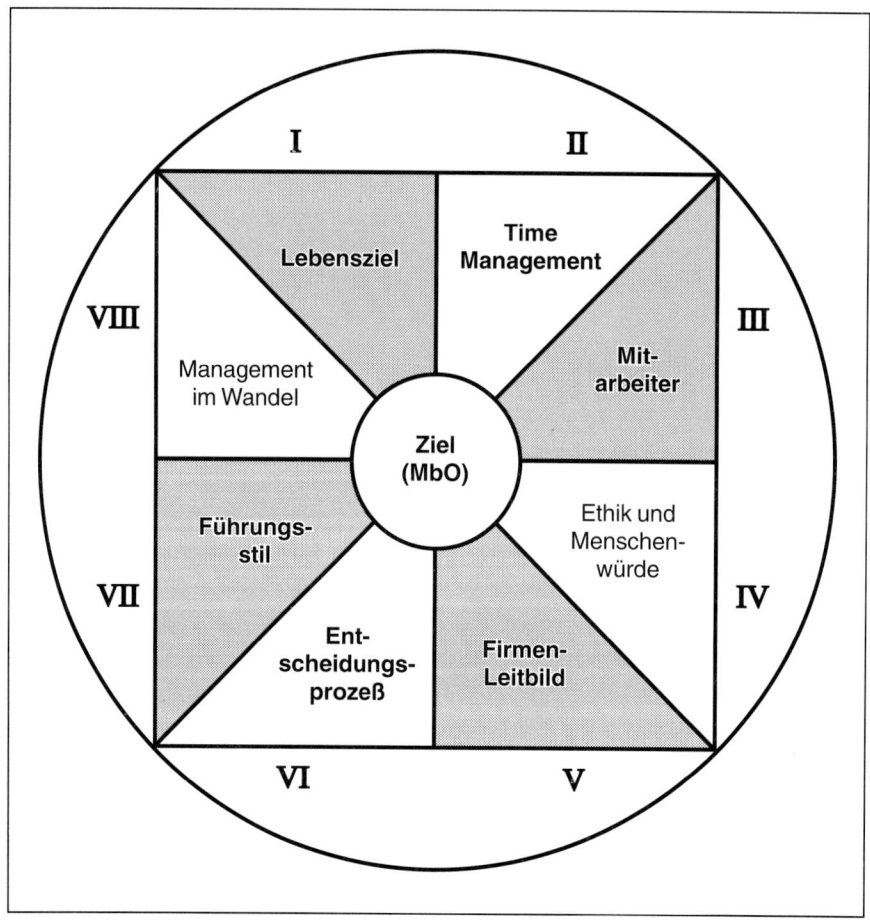

SEKTOR I: Am Beginn eines erfolgreichen Lebens steht das Lebensziel, das in der Regel ein „Leitmotiv" zur Basis hat. Was will ich überhaupt? Macht ausüben? Geld verdienen? Angesehen und öffentlich bewundert sein? Feststeht jedenfalls eines: Wer kein Lebensziel gefunden hat, wer sich nicht „auf ein Ziel hin entworfen" hat (Sartre), der wird es zu nichts bringen! Der ist zum Versager abgestempelt, bevor er überhaupt richtig gestartet ist! Manager, die heute dies und morgen jenes tun, was ihnen halt gerade so angeboten wird, werden zwangsläufig zum „Job-Hopser" quer durch die Branchen. Und natürlich schieben sie die Schuld für ihr Versagen auf „widrige Umstände"... Aus dieser „Fallstudie" ergibt sich für Sie, meine Coach-Kollegen, ein

Beratungstip Nr. 1: Wenn ein gestreßter Manager zu Ihnen kommt, der kein klares Ziel hat, das er erreichen will – verabschieden Sie sich sofort wieder von ihm! Und vergessen Sie nicht, ihm ein angemessenes Honorar abzufordern, weil er Ihre wertvolle Zeit verwüstet hat.

SEKTOR V: Es gibt Manager, die angeblich deshalb Magengeschwüre haben, weil das Firmenleitbild jenes Multis, dem sie dienen, mit ihrer eigenen hohen Ethik nicht korrespondiert. Aus diesem Vorwand ergibt sich der

Beratungstip Nr. 2: Wer als angestellter Manager das ethisch-moralische Wertsystem seines Unternehmens nicht billigen kann, sollte sich selbständig machen! Denn das ist das ungeschriebene Gebot für das Verhältnis aller Mitarbeiter zu ihrem Unternehmen: „Love it or leave it!"

SEKTOR II: Zahlreiche Manager geraten unter Streß, weil sie nicht erkennen, was wesentlich und was unwesentlich ist; oder, anders formuliert: weil sie keine Prioritäten setzen können.

Beratungstip Nr. 3: Manager, die keine Prioritäten erkennen und deshalb immer das Falsche zur richtigen Zeit tun, sollten sich um Hilfe umsehen: entweder nach einem externen Berater, oder sich einen tüchtigen Assistenten heranziehen, oder mit fremder Hilfe einen Aktionsplan entwerfen und diesen von der Sekretärin überwachen lassen! Dazu gehört, daß Telefonate *nur* über die Sekretärin laufen und daß Besucher von ihr nach wirklicher Dringlichkeit ausgewählt werden. *Merke:* Es ist besser, eine Schwäche mit Hilfe Dritter zu kompensieren, als an ihr zugrundezugehen!

Manager geraten andererseits unter Streß, weil sie ihre Zeit nicht einteilen können.

Beratungstip Nr. 4: Ein Mensch, der es bis in sein Erwachsenenalter nicht gelernt hat, pünktlich zu sein und seine Zeit einzuteilen, wird dies *normalerweise* nie mehr lernen! Deshalb gibt es in so einem Fall nur zwei Möglichkeiten: entweder, so ein Mensch begibt sich freiwillig unter die Obhut eines energischen Assistenten bzw. einer Assistentin oder er versucht, diese „Macke" durch ein Verhaltenstraining unter kundiger Anleitung zu „entmachten". Wie Sie ihm als Coach dabei Hilfestellung leisten können, ist Thema des Abschnittes 4 (siehe Seite 94).

SEKTOR VI: Das Time Management spielt beim Entscheidungsprozeß eine wichtige Rolle, weil eine Entscheidung meist unter Zeitdruck gefällt werden muß. Nun gibt es Manager, die aus Furcht vor einer Fehlentscheidung mehrere andere Stellen des Unternehmens mit einschalten – nur damit sie später sagen können, diese Stellen waren ja mit der Entscheidung auch einverstanden! Aus einem derartigen Fall ergeben sich gleich zwei Tips für Sie als Coach:

Beratungstip Nr. 5: Wenn eine richtige Entscheidung (infolge des Einschaltens zu vieler Stellen) zu spät kommt, ist sie wertlos!

Beratungstip Nr. 6: Wenn ein Manager eine Aufgabe übernommen hat, ist er für deren Durchführung verantwortlich – und zwar alleine! Verantwortung kann nicht delegiert oder auf mehrere Stellen aufgeteilt werden!

Der beste Rat, den Sie als Coach so einem „Cunctator maximus", einem Ober-Zögerer, geben können, ist, sich in einen anderen Unternehmensbereich versetzen zu lassen: wo er reine Verwaltungsaufgaben nach Beamtenart zu „bewältigen" hat.

Wenn so ein Zauderer aus Prestigegründen, um sein Gesicht nicht zu verlieren, unbedingt im jetzigen Aufgabenbereich bleiben möchte, dann lohnt sich jedenfalls ein Versuch mit Autosuggestion – wie im nächsten Abschnitt beschrieben. Hüten Sie sich aber als Coach, für eine derartige Übung in Selbstdisziplin eine Erfolgsgarantie zu übernehmen!

SEKTOR III: Viele Manager scheitern, wenn sie infolge Firmenwechsel oder Wechsel in einen anderen Bereich des gleichen Unternehmens in eine für sie völlig neue Situation gestellt werden. Das Schlimmste dabei ist:

Sie kennen niemanden! Weder die Sekretärin, die bereits für den Vorgänger gearbeitet hat, noch die Führungskräfte des Mittelmanagements, auf deren kollegiale Hilfe sie angewiesen sind. Prof. Lorenz, der Mann mit den Graugänsen, hat für diese Situation eine klare Regel erarbeitet, die nicht nur für die Tierwelt gilt:

Beratungstip Nr. 7: Ein Neuer hat sich einer bereits konstituierten Gemeinschaft in Demutshaltung zu nähern!

Das bedeutet für die Praxis: Ein Manager, der als „neuer Chef" in einem bereits bestehenden Unternehmensbereich auftaucht, hat sich zunächst mit der Sekretärin „familiär" zu machen. Das bedeutet, im Sinne von Paul Watzlawick: Er muß als erstes die „Beziehungsebene" etablieren! Gelingt ihm dies nicht, ist er aufgeschmissen! Selbst wenn die Sekretärin nicht gegen ihn arbeitet, kann sie ihm allein dadurch schaden, daß sie ihm Informationen vorenthält. Dann läuft dieser arme „Chef" immer wieder in offene Messer!

Was ist der „Rat des Propheten" in einer derartigen verkorksten Situation? Versuchen Sie als Coach, Ihren konfusen Manager-Klienten mit seiner Sekretärin zu einem Dreiergespräch in *Ihrem Büro* zu bewegen! Ich habe mit dieser Methode schon Wunder erlebt. Warum? Weil der Manager seine Position unbedingt festigen muß. Und die Sekretärin? Auch sie ist an einer „Aussöhnung" interessiert, weil sie in der Regel nicht mehr die Jüngste ist und nur schwer eine gleichwertige Stelle finden würde ...

Also, in unserer Leistungsgesellschaft geht es weder um Ethik noch um Menschenwürde. Da gilt allein der alte Spruch: Der Zweck heiligt die Mittel. Als nächsten Tip formuliert:

Beratungstip Nr. 8: Spielen Sie als Coach nicht auf der Gefühlsorgel, sondern machen Sie bei Differenzen den Beteiligten klar, daß eine gedeihliche Zusammenarbeit *beiden* Seiten Vorteile bringt!

Und wie steht es mit jenen Führungskräften, die der „neue Chef" als „Mitgift" erhält? Da hat er mit Sicherheit ein bis zwei Feinde: nämlich diejenigen, die sich Hoffnung auf seine Position gemacht haben! Was rate ich Ihnen als Ihr „Coach-Mentor"?

Beratungstip Nr. 9: Ein neuer Chef sollte von seiner Sekretärin Informationen über das etablierte Management einholen. Vor allem muß er wissen, wer sich Hoffnung auf seine Position gemacht hat.

Beratungstip Nr. 10: Der neue Chef sollte den Führungskräften seines Bereiches klarmachen, daß bei ihm allein die erbrachte Leistung zählt, die er wohl beurteilen könne; und daß er auf „vertrauliche Informationen" keinen Wert lege.

Beratungstip Nr. 11: Der neue Chef sollte, wenn er die Übersicht über seinen neuen „Haufen" gewonnen hat und wenn er sich mit seinem Vorgesetzten über die zu erreichenden Ziele einig ist, seine Führungskräfte *sofort* mit komplexen und kurz terminierten Aufträgen eindecken. Nur so wird er, und zwar sehr schnell, erfahren, wer von seinen Abteilungs- und Gruppenleitern etwas taugt und wer nicht.

Fazit: Wenn Sie als Coach einen gestreßten Manager vor sich haben, so versuchen Sie zunächst einmal abzuklären, welche Führungsfehler er bisher gemacht hat. Erst im zweiten Schritt versuchen Sie zu eruieren, *warum* er diese Fehler gemacht hat.

Heute arbeiten Frauen als Assistentinnen, Gruppen- oder Bereichsleiterinnen. Wenn ein Manager weibliche Mitarbeiter hat, dann empfehlen Sie ihm, sich an folgenden Tips zu orientieren:

Beratungstip Nr. 12: Frauen erwarten die gleiche Behandlung wie Männer in der entsprechenden Position. Im übrigen möchten sie gelobt *und* kritisiert werden, damit sie wissen, woran sie sind.

Beratungstip Nr. 13: Frauen gehen arbeiten, weil sie Geld brauchen oder Karriere machen wollen – aber nicht, um als „Evastöchter" bekuckt und kommentiert zu werden. Sie wollen für ihre Leistung bewundert werden – nicht, weil sie einen hübschen Busen oder einen knackigen Po aufweisen.

Beratungstip Nr. 14: Da Frauen empfindlicher und nachtragender als Männer sind, sollten Manager stets bestrebt sein, das Selbstwertgefühl ihrer Mitarbeiterinnen nicht zu verletzen.

Beratungstip Nr. 15: Wenn Frauen als Persönlichkeit gewertschätzt und fair behandelt werden, danken sie dies ihren Chefs durch Loyalität, Verschwiegenheit und ein enormes Arbeitspensum.

Was Mitarbeiter ohne Führungsfunktion betrifft, so gibt es (schwache) Manager, die sich nicht trauen, diesen Mitarbeitern klare Anweisungen zu geben und die Durchführung von Aufgaben zu kontrollieren. Geben Sie als Coach Führungskräften, die „weinend" zu Ihnen kommen, folgende praxisbewährten Spielregeln mit auf den Weg:

Beratungstip Nr. 16: Das Machtbedürfnis eines Chefs muß stärker sein als der Wunsch, sich bei Mitarbeitern beliebt zu machen.

Beratungstip Nr. 17: Ein erfolgreicher Manager besitzt ein stärkeres Bedürfnis nach Macht als nach Leistung.

Beratungstip Nr. 18: Ein erfolgreicher Manager erzeugt in seiner Abteilung einen „Korps-Geist": Seine Mitarbeiter sind stolz, bei ihm arbeiten zu dürfen.

SEKTOR IV: „Ethik" und „Menschenwürde" sind heutzutage Schlagworte, die nur in Unternehmen mit schlechtem Betriebsklima strapaziert werden. Wenn ein Manager sich bei Ihnen beklagt, daß die Geschäftsmoral in jenem Unternehmen, dem er als Führungskraft angehört, schlecht sei, so kontern Sie diesen typischen Vorwand wie folgt:

Beratungstip Nr. 19: Es gibt keine spezielle Geschäftsmoral, die im übrigen auch nicht notwendig ist. Entweder ein Mensch in Führungsfunktion hat eine Moral – dann wird er sie auch als Chef vorleben; oder er hat keine – dann paßt er wundervoll in unsere Zeit! Warum also das Gejammere?

Beratungstip Nr. 20: „Menschenwürde" ist auch so ein hochtrabendes Schlagwort, an das sich niemand hält – weder in der Politik noch in der Wirtschaft. In der Politik geht es um Macht, in der Wirtschaft um Profit. Kein Mensch, der in diesem Getriebe arbeitet, hat einen Anspruch auf „Würde" – die er übrigens auch nicht „einklagen" könnte.

SEKTOR VIII: „Management im Wandel" ist kein Schlagwort, sondern eine Tatsache. Auslösende Ursache dieses Wandels ist die Hektik, mit der neue Produkte zu attraktiven Preisen in immer kürzeren Zeitabständen in den Markt gedrückt werden müssen. Da die Zahl der qualifizierten und leistungsmotivierten Mitarbeiter sinkt, ist führungsmäßig mit mehr Druck nichts mehr auszurichten. Aus dieser weltweit zu beobachtenden Situation ergibt sich der

Beratungstip Nr. 21: Der „neue Manager" muß die Kunst beherrschen, Mitarbeitern das Gefühl zu vermitteln, daß sich aus hochwertiger Arbeit der Sinn ihres Lebens ergeben kann – und daß sie am materiellen Gewinn aus ihrer Arbeit angemessen beteiligt werden.

Soweit, verehrte Leserinnen und Leser, meine Anregungen, wie man Manager ansprechen sollte, deren Streß eigenes Unvermögen zur Ursache hat. Wie man solchen Managern helfen kann, ihren Schwachpunkt mittels Autosuggestion zu überwinden, ist Gegenstand des nächsten Abschnittes.

4. Wie man ein „neuer Mensch" wird

Wir kommen jetzt zum Kernstück dieses Buches; was ich Ihnen bisher geschildert habe, waren Vorarbeiten. Es geht um die Frage: Kann ein erwachsener Mensch seine Persönlichkeitsstruktur noch verändern? Wenn ja – bis zu welchem Grade?

Zunächst vertrete ich, aufgrund meiner Erfahrung, die Ansicht, daß sich ein erwachsener Mensch in aller Regel nicht mehr ändern wird. Die Persönlichkeit, die er in Jahrzehnten entwickelt hat, bleibt bestehen! Schon deshalb, weil die meisten Verhaltensmodelle im Unterbewußtsein verankert sind. Ich bestreite nicht, daß es mit einer längerfristigen tiefenpsychologischen Behandlung möglich ist, einzelne Denk- und Verhaltensmodelle zu ändern: indem ein Mensch, mit therapeutischer Hilfe, alte, für ihn schädliche Programme erkennt, sie löscht und neue, für ihn positive Programme in das Unterbewußtsein versenkt. Doch kommt diese Methode für das Coaching nicht in Frage, schon wegen des zeitlichen Aufwandes. In ihrer beruflichen Existenz bedrohte Manager müssen schnelle Erfolge sehen. Wenn Sie als Coach einem schon mehr oder weniger „ausgebrannten" Manager erklären, Sie würden wohl ein bis zwei Jahre miteinander arbeiten müssen, bis er im Sinne seines Unternehmens wieder „normal" funktioniert – dann wird er mit Recht dagegenhalten, daß er diese Zeit in der Firma nicht überstehen werde!

Wir müssen also das Problem des hilfesuchenden Managers durch folgende Frage differenzieren: Wie kann ich als Coach die *Hauptschwäche* eines Managers erkennen und *schnell* aus der Welt schaffen? Dafür gibt es nur eine einzige Methode: die Konstruktion eines Ich-Ideals und die Versenkung dieses Idealbildes in das Unterbewußtsein. Wie man das als Selbsthilfe-Maßnahme, ohne therapeutische Hilfe, bewerkstelligt, habe ich in meinem Buch „Karriere und innere Harmonie sind möglich" (mvg 1991) geschildert. Wir sollten jedoch, im Hinblick auf das Coaching, diese Methode spezialisieren.

Ich darf zunächst im Telegrammstil beschreiben, was Sigmund Freud unter dem „Ich-Ideal" verstand: Es handelt sich um eine psychische Instanz, die dem Gewissen ähnlich, aber nicht mit ihm identisch ist. Wesentlich ist, daß das Ich-Ideal nicht auf Programmierungen in der Kindheit zurückgeht. Vielmehr ist es das Ergebnis von späteren Identifizierungen mit den Eltern und *anderen Leitpersonen.* Sein Inhalt schwankt im Laufe des Lebens, beeinflußt indessen das soziale Leben eines Individuums weitgehend – *da man sich dem Ich-Ideal immer wieder anzupassen sucht.*

Nun haben Psychologen und Verhaltenstherapeuten, zuerst in den USA, die Funktion des Ich-Ideals ausgeweitet: indem sie feststellten, daß nicht nur irgendwelche Leitpersonen dieses Ich-Ideal gestalten, sondern daß dies auch ein Klient selbst tun kann – mit Hilfe der Autosuggestion. Mit anderen Worten:

> Jeder Mensch ist in der Lage, neben seinem EGO ein alternatives, idealistisches EGO zu entwickeln. Diesem EGO kann er jene Eigenschaften oder Verhaltensweisen einprogrammieren, die künftig sein Leben mitbestimmen sollen. Insofern kann es einem Menschen gelingen, seine bisherige Persönlichkeitsstruktur zu ergänzen und zu modifizieren.

4.1 Das Beispiel „Benjamin Franklin"

Von Benjamin Franklin weiß der „normale Mitteleuropäer" nur, daß er den Blitzableiter erfunden hat. Dabei war Franklin zu seiner Zeit (1706 – 1790) einer der einflußreichsten Männer Amerikas. Ursprünglich Seifensieder, dann Buchdrucker und Schriftsteller, entwickelte er sich immer weiter nach oben: zum Wissenschaftler, Diplomaten, vielseitigem Erfinder und zu einem glänzenden Philosophen. Ohne seine diplomatische Staatsführung hätten die Vereinigten Staaten vermutlich nie ihre Unabhängigkeit erreicht.

Warum ich indessen Benjamin Franklin hier erwähne, ist die Tatsache, daß er in puncto „Selbstverwirklichung" schier Unglaubliches erreicht hat. Infolge seiner Erziehung in einem einfachen Elternhaus fehlte ihm vieles, was Kinder aus einem „besseren" Milieu automatisch mitbekommen. Was Franklin vor den meisten Menschen auf dieser Welt – heute noch! – auszeichnet, sind zwei Fakten: Er wußte, was ihm fehlt und er ging systematisch daran, seinen Charakter zu verändern. So stellte er zunächst eine Liste mit jenen „13 Tugenden" auf, die seiner Meinung nach für einen erfolgreichen Menschen unerläßlich sind: Mäßigkeit, Ruhe, Ordnung, Entschlossenheit, Bescheidenheit, Fleiß, Aufrichtigkeit, Gerechtigkeit, Sparsamkeit, Reinlichkeit, Ausgeglichenheit, Keuschheit und Demut.

Bei Pythagoras hatte Franklin irgendwann die Ermahnung gelesen: „Überprüfe dein Handeln täglich!" Deshalb legte er sich eine Kladde an, schrieb eine der zu erwerbenden Eigenschaften jeweils auf eine Seite und las sich diese Eigenschaft täglich dreimal vor – beim dritten Male laut! Und jeden Abend überprüfte er, ob er gegen die neue Eigenschaft verstoßen hätte und markierte jeden Verstoß durch einen Punkt. Bitte zu beachten: Franklin konzentrierte sich jeweils auf nur *eine* Eigenschaft! Erst wenn sie ihm „in Fleisch und Blut" übergegangen war, ging er zur nächsten über.

Nach heutigem psychologischen Sprachgebrauch hat Benjamin Franklin nichts anderes getan, als *ein Ich-Ideal zu konstruieren.* Er sah sich als den „neuen Menschen", der er werden wollte. Um sein Ideal zu realisieren, steuerte er unbeirrbar sein Ziel an, kontrollierte den Erfolg und veränderte auf diesem Weg noch als erwachsener Mann seinen Charakter ganz wesentlich.

Zugegeben: Benjamin Franklin war eine Ausnahmeerscheinung, ein Elite-Mensch, wie ich zu sagen pflege. Doch jetzt überlegen Sie einmal, verehrter Leser: Wenn es einem Benjamin Franklin gelungen ist, sich dreizehn neue Eigenschaften mittels Autosuggestion anzuerziehen – wieso sollte dann ein Manager nicht in der Lage sein, sich *eine* Unart abzutrainieren? Mit dieser Technik werden wir uns jetzt näher beschäftigen.

4.2 Autosuggestion – eine wirklich leichte Übung!

Noch vor 50 Jahren, am Ende des 2. Weltkrieges, galt den meisten Schulmedizinern die psychische Beeinflussung des Körpers als „nicht bewiesen". Auch die geniale Methode des Berliner Psychiatrie-Professors I. H. Schultz wurde zunächst ignoriert, dann belächelt, schließlich, wegen ihrer erfolgreichen Ausbreitung, als „Erfahrenswissenschaft" apostrophiert. Heute ist das von Schultz erfundene „Autogene Training (AT)" von der Medizin „fest vereinnahmt" und wird an allen Kliniken als wertvolle Unterstützung der ärztlichen Therapie angeboten; vor allem auch deshalb, weil das AT die Dauer des Heilungsprozesses verkürzt. Wer eingehende Informationen über den klinischen Einsatz des AT wünscht, lese das Buch des Schultz-Schülers Dr. Dr. Klaus Thomas: „Praxis des Autogenen Trainings. Selbsthypnose nach I. H. Schultz", TRIAS-Verlag 1989.

Kurzum: Über die Wirksamkeit des AT bzw. der Selbsthypnose überhaupt muß heute kein Wort mehr verloren werden.

Ich habe das AT im Herbst 1948 bei I. H. Schultz erlernt und wende es seitdem, also seit etwa 45 Jahren, *täglich* an. Allerdings habe ich das „klassische" AT im Laufe der Jahre abgewandelt, wogegen Schultz und Thomas stets heftig polemisiert haben. Indessen – diese etwas umständliche, „professorale" Prozedur von Schultz ist meines Erachtens nicht geeignet, wenn man als Coach einem Manager, kurz vor dem endgültigen Zusammenbruch, *schnell* helfen will. (Wenn ich stationäre Patienten vor mir habe, ist die Situation natürlich anders.) Ich habe deshalb, vor allem als Folge meines Aufenthaltes in den USA 1968/69, amerikanische Selbsthypnose-Modelle in meine Praxis eingebaut. Fazit meiner persönlichen Bemühungen und der daraus resultierenden Erfahrungen: Ich empfehle jedem Klienten eine für ihn optimale, „hautgeschneiderte" Selbsthypnose-Methode.

Zunächst seien einige Grundgesetze der Selbsthypnose (oder „Autosuggestion") dargestellt:

● Es ist nicht notwendig, daß ein Mensch an Selbsthypnose glaubt: Wenn er die für ihn konstruierten „Formeln" in sein Unterbewußtsein (UB) versenkt, wirken sie auch!

● Selbsthypnose gelingt leichter, wenn man entspannt ist. Sie wirkt indessen auch in verkrampftem Zustand, vor allem, wenn sich ein Klient Hilfe von dieser Methode verspricht.

● Die einfachste und zugleich wirksamste Methode der Selbsthypnose besteht darin, sich nahe vor einen Spiegel zu stellen, sich direkt in die Augen zu schauen und die zu versenkende Formel laut, deutlich und pointiert zu sprechen. Dieses Verfahren praktiziert man dreimal täglich, nicht öfter! Die beste Wirkung ergibt sich nach dem Aufstehen: damit ist, gewissermaßen, *der Tag gerettet!*

● Als „Erfolgsformel" hat sich für den Start hervorragend bewährt: „Ich akzeptiere mich und bin erfolgreich!" Diese Formel empfehle ich *grundsätzlich* allen neuen Klienten. Wenn diese Gestreßten sie dreimal täglich in sich versenken und nach einer Woche wiederkommen, sind sie „neue Menschen" geworden: sie gehen aufrecht, tragen den Kopf hoch, begrüßen mich lächelnd, erzählen unaufgefordert, wie positiv sie sich fühlten und daß plötzlich in ihrem Leben vieles leichter liefe.

● Wer diesen ersten Selbsthypnoseerfolg am eigenen Leibe erfahren hat, ist nunmehr motiviert, seine speziellen Formeln anzuwenden.

● Jede Selbsthypnose-Aktion (im Sinne eines Coachings) basiert, nach meiner Methode, auf drei Prinzipien:

1. auf der „Erfolgsformel": „Ich akzeptiere mich und bin erfolgreich"; damit wird das Selbstwertgefühl angehoben;
2. auf einer dreiteiligen „Meta-Formel", die das Selbstbild, das Ziel und die schöpferische Kraft beinhaltet;
3. auf einer „Individual-Formel", durch die eine erkannte Schwäche kompensiert wird.

Eine „Meta-Formel" ist eine Formel, die im übergreifenden Sinne alle individuellen Formeln beeinflußt. Die von mir empfohlene Meta-Formel habe ich aus den im 1. Kapital beschriebenen Archetypen entwickelt. Das bedeutet: Die drei angesprochenen Archetypen werden aktiviert.

Nehmen wir an, ein Manager kommt zum Coach, *weil er entscheidungs-schwach* ist. Dann sieht meine Empfehlung so aus:

Stufe 1 („Erfolgs-Formel"): „Ich akzeptiere mich und bin erfolgreich." Diese Formel versenkt der Manager dreimal täglich in sein UB, eine Woche lang. Nichts zusätzlich!

Stufe 2 („Meta-Formel"): „Ich weiß, wer ich bin; ich weiß, was ich will; ich gestalte mein Leben."

Stufe 3 („Individual-Formel"): „Ich entscheide bestimmt und kraftvoll."

Anmerkung: Wenn sich der gestreßte Manager (in unserem Beispiel) präzise an die Drei-Stufen-Empfehlung hält, wird zweierlei eintreten:

1. Er wird *nach drei Wochen* ein „neuer Mensch" sein und seine Entscheidungsschwäche überwunden haben;
2. Die psychosomatischen „Nebenwirkungen", wie etwa Schlaflosigkeit und Depressionen, werden „von selbst" verschwinden.

Das bedeutet für Sie als Coach: *Kümmern Sie sich nie um Krankheitssymptome*! Davon verstehen Sie nichts! Außerdem dürfen Sie sich nicht als Therapeut betätigen. Wenn die Ursache der Krankheit, nämlich die Entscheidungsschwäche, beseitigt ist, verschwinden alle Symptome!

Nun ist noch etwas zum besseren Verständnis der (Selbst-)Hypnose nachzutragen: Das Unterbewußtsein hat keine Parameter, um festzustellen, ob eine angekommene Botschaft „richtig" oder „falsch" ist. Das UB nimmt *jede* Botschaft (und jede Anweisung) für bare Münze und führt so eine Anweisung *wortwörtlich* aus! Darin liegt eine Gefahr bei der Formelkonstruktion!

Wenn beispielsweise ein Mensch eine Abmagerungskur per Selbsthypnose durchführt und dazu die Formel in sich versenkt: „Ich verliere jede Woche ein halbes Kilo", so wirkt diese Formel so lange, bis sie widerrufen wird – vorausgesetzt, dieser Mensch erhöht seine Nahrungszufuhr nicht! Ganz allgemein gilt für die Hypnose die gleiche Vorschrift wie für die Verkehrsregelung: Jedes Schild, z.B. ein Überholverbot, muß nach einer bestimmten Strecke wieder aufgehoben werden! Also: Es gibt zweierlei Arten von Formeln, die eine Änderung hervorrufen:

- Eine Formel zur *Verhaltensänderung* im Sinne einer Charaktermodifizierung – diese Formel soll nicht zeitlich begrenzt werden. Beispiel: „Ich entscheide bestimmt und kraftvoll!" Denn diesen neuen Wesenszug will ja ein Klient Zeit seines Lebens beibehalten!
- Eine Formel zur zeitweiligen *Änderung einer Körperfunktion*: sie muß, entweder zeitlich oder hinsichtlich ihrer Wirkung, *begrenzt* werden.

  Beispiel 1: Ein Mann mit 90 kg Gewicht will 10 kg abnehmen. Formel dazu: „Ich nehme jede Woche ein halbes Kilo ab, bis 80 kg Gesamtgewicht erreicht sind."

  Beispiel 2: Ein Mensch will 30 Minuten Mittagsschlaf halten, um sich zu regenerieren. Dazu heißt die Formel: „30 Minuten Tiefschlaf – dann ganz munter und frisch!" Wenn man den Formelteil „... dann ganz munter und frisch!" wegläßt, ist man nach dem Aufwachen noch eine Weile „traumbefangen": Weil *alle* Körperaktionen, z.B. auch das Reaktionsvermögen, noch eine Weile reduziert sind. Prof. Schultz sagt deshalb ausdrücklich: Der hypnotische Befehl muß, bei Übungen untertags, *zurückgenommen* werden. Dazu heißt seine Formel: „Arme fest! Tief einatmen! Augen auf!"

Wann wirkt (Selbst-)Hypnose mit Sicherheit nicht? *Immer dann*, wenn ein „Uralt-Programm" dem neuen Befehl entgegensteht. Beispiel: Eines meiner Klienten-Ehepaare hat sexuelle Probleme. Beide stammen aus Sektenfamilien und wurden im Elternhaus während des Heranwachsens jahrelang so programmiert: „Geschlechtsverkehr ist Sünde, es sei denn, er diene der Erzeugung eines Kindes!"

Die beiden haben, unter Gewissensbissen, zwei Kinder gezeugt. Ansonsten findet das Geschlechtsleben manuell und oral statt. Fazit: Wenn, wie in diesem Falle, ein massiver Antisex-Block im UB sitzt, ist der nicht mehr zu eliminieren! Besonders nachhaltig wirken solche Programme, wenn sie religiös untermauert sind.

Ich fasse zusammen, was Sie über Selbsthypnose unbedingt *wissen und beachten* sollten:

- Selbsthypnose kann von jedem geistig gesunden Menschen erlernt werden, auch von Kindern.
- Es ist nicht notwendig, daß ein Mensch an Selbsthypnose glaubt: wenn er sie durchführt, wirkt sie auch.
- Selbsthypnose wirkt schneller, wenn man entspannt ist. Doch auch im verkrampften Zustand bleibt die erwünschte Wirkung nicht aus.
- Formeln wirken nachhaltiger, wenn sie als Reim oder Stabreim abgefaßt werden. So heißt beispielsweise eine meiner persönlichen AT-Formeln: „Beide Arm, schwer und warm!"
- Formeln *müssen* stets in der Gegenwartsform abgefaßt werden. Also: „Ich bin ganz ruhig", *nicht:* " Ich werde ganz ruhig!"
- Die einfachste Methode, sich selbst zu hypnotisieren, benützt den Augenkontakt vor dem Spiegel.
- Für den Start einer Selbsthypnose-Aktion hat sich folgende „Erfolgs-Formel" bewährt: „Ich akzeptiere mich und bin erfolgreich!"
- Jede Selbsthypnose-Aktion basiert (nach der Birkenbihl-Methode) auf drei Prinzipien:
  1. auf der „Erfolgs-Formel";
  2. auf einer „Meta-Formel", die das Selbstbild, das Ziel und die schöpferische Kraft beinhaltet;
  3. auf einer „Individual-Formel", durch die eine erkannte Schwäche kompensiert wird.
- Während des Tages auf der Basis einer Tiefenentspannung praktizierte Selbsthypnosen müssen unbedingt *zurückgenommen* werden.

Eine weitere, von Prof. Schultz erhobene Forderung besagt, daß jede Selbsthypnose alle bisher geübten Stufen umfassen muß. Man soll also nicht mit „Es atmet mich" anfangen, sondern mit „Ich bin ganz ruhig", usw.

Das gleiche gilt für mein obiges „Drei-Formel-Modell": Man beginnt, in der Startwoche, mit der „Erfolgs-Formel". In der zweiten Woche beginnt man wieder mit der „Erfolgs-Formel" und hängt die „Meta-Formel" dran.

In der dritten Woche versenkt man alle drei Formeln in der Reihenfolge: „Erfolgs-Formel", „Meta-Formel", „Individual-Formel".

Mit diesem Wissen können Sie nunmehr unbesorgt Selbsthypnose-Aktionen bei sich starten bzw. einen Klienten dazu anregen, seinen ersten Versuch in dieser Richtung zu wagen.

Teil 4

Praxis des Coachings

Diverse Muster als „Probelauf"

1. „Kommunikationsschwäche"

Der Bereichsleiter eines mittelständischen Unternehmens, das in den vergangenen Jahren durch Zukäufe von vier kleineren Firmen in Frankreich und Italien auf dem Papier zu einem „kleinen Multi" geworden ist, hat beträchtliche Führungsschwierigkeiten. Er ist von Haus aus Diplomingenieur und hat sich stets als Refa-Mann betätigt: Sein Interesse gilt einer immer rationelleren Produktion. In der Tat hat sich dieser Manager im Laufe der vergangenen fünf Jahre große Verdienste erworben und gilt in der Geschäftsleitung als „kommender Mann". Aufgrund der Fusionen ist unser Manager vor einem Jahr beauftragt worden, die neu hinzugekommenen Betriebe mit dem deutschen „Mutterhaus" gleichzuschalten, was die möglichst rationelle Produktion betrifft. Deshalb ist dieser Manager viel auf Reisen und hat sich ein jeweils zweites Büro in Paris und Mailand eingerichtet. *Sein Problem besteht darin, daß die Produktion in allen vier neuen Betrieben nicht nur nicht gestiegen, sondern sogar auf das Niveau vor der Fusion gefallen ist.* Das wird ihm von seiten der Geschäftsleitung angelastet. Er wirkt überanstrengt und fahrig und zeigt während des Gespräches mit dem Coach immer wieder Schwächen dergestalt, daß er den Faden verliert oder sich an Namen von Führungskräften nicht mehr erinnert.

Welches Procedere ist in diesem Falle dem Coach zu empfehlen?

Nach einem Startgespräch, das vor allem der Herstellung einer sympathischen Beziehungsebene dient, wird dem Klienten etwas über Archetypen erzählt. Er wird aufgefordert, die kleine Archetypen-Analyse mit den 18 Statements durchzuarbeiten, wobei man ihn am besten alleine läßt. Das Ergebnis wird dann in der Tabelle eingetragen, aber noch nicht diskutiert. Bei diesem Klienten sieht das Ergebnis so aus:

Wanderer	Krieger	Magier
6	24	2

Nunmehr bringt der Coach das Gespräch auf die „Land"- bzw. „Wasser"-Anteile in der menschlichen Seele. Dann bekommt der Klient die „Wasser-Land"-Analyse mit 40 Statements vorgelegt. In seinem Fall sah das Ergebnis so aus:

„Wasser"	„Land"
10	20

Jetzt machen Sie mit dem Klienten erst mal eine Kaffeepause, wobei Sie über Hobbys und die Familie plaudern: Sie machen also „Small Talk". Danach legen Sie ihm das „6-Faktoren-Selbstbild" vor. Das ergibt eine „Charakteranalyse", aber diesen Ausdruck wollen wir zunächst vermeiden. Er füllt es aus, wie im folgenden dargestellt:

6-Faktoren-Selbstbild
(mit Fremd-Bewertung)

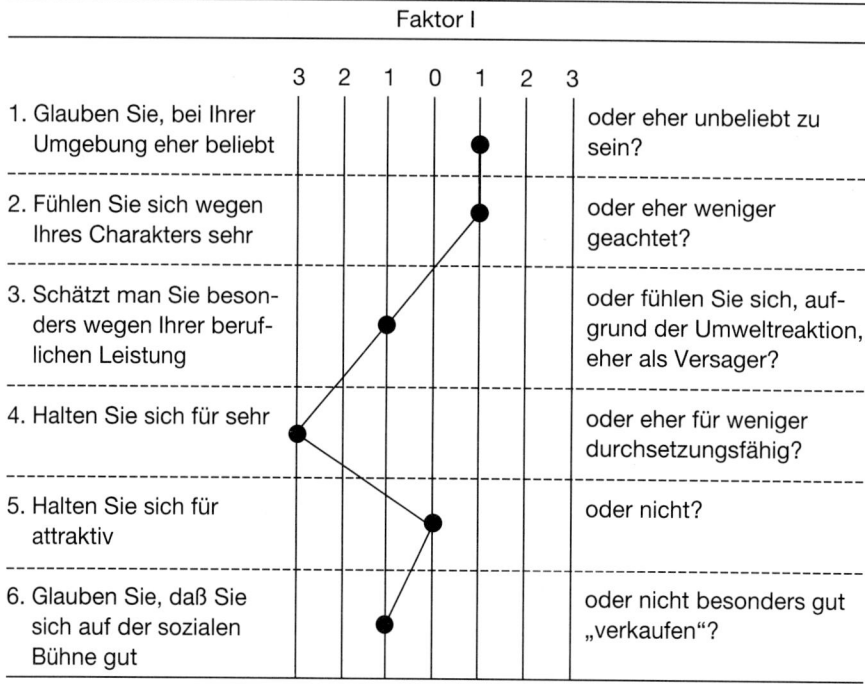

106

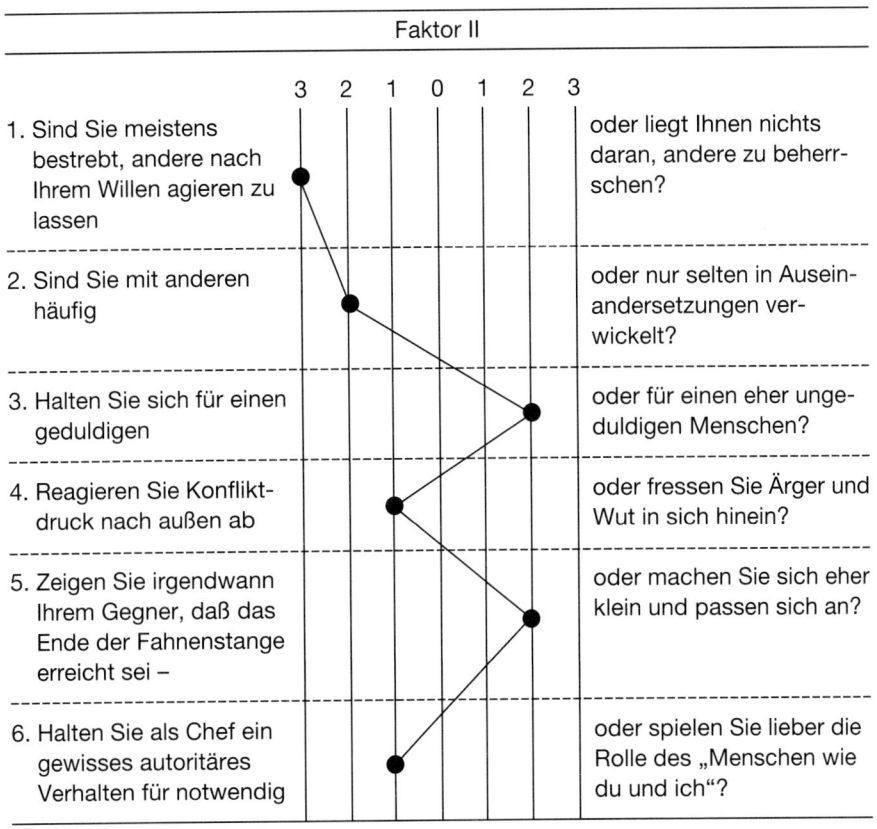

	3	2	1	0	1	2	3	
1. Sind Sie meistens bestrebt, andere nach Ihrem Willen agieren zu lassen	●							oder liegt Ihnen nichts daran, andere zu beherrschen?
2. Sind Sie mit anderen häufig		●						oder nur selten in Auseinandersetzungen verwickelt?
3. Halten Sie sich für einen geduldigen						●		oder für einen eher ungeduldigen Menschen?
4. Reagieren Sie Konfliktdruck nach außen ab			●					oder fressen Sie Ärger und Wut in sich hinein?
5. Zeigen Sie irgendwann Ihrem Gegner, daß das Ende der Fahnenstange erreicht sei –						●		oder machen Sie sich eher klein und passen sich an?
6. Halten Sie als Chef ein gewisses autoritäres Verhalten für notwendig			●					oder spielen Sie lieber die Rolle des „Menschen wie du und ich"?

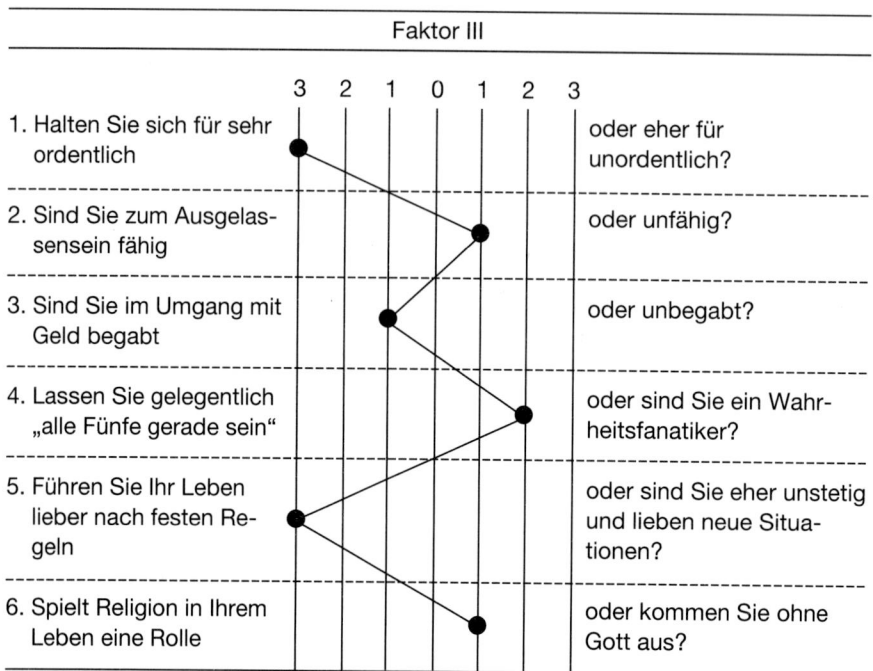

	3	2	1	0	1	2	3	
1. Halten Sie sich für sehr ordentlich	●							oder eher für unordentlich?
2. Sind Sie zum Ausgelassensein fähig					●			oder unfähig?
3. Sind Sie im Umgang mit Geld begabt		●						oder unbegabt?
4. Lassen Sie gelegentlich „alle Fünfe gerade sein"						●		oder sind Sie ein Wahrheitsfanatiker?
5. Führen Sie Ihr Leben lieber nach festen Regeln	●							oder sind Sie eher unstetig und lieben neue Situationen?
6. Spielt Religion in Ihrem Leben eine Rolle					●			oder kommen Sie ohne Gott aus?

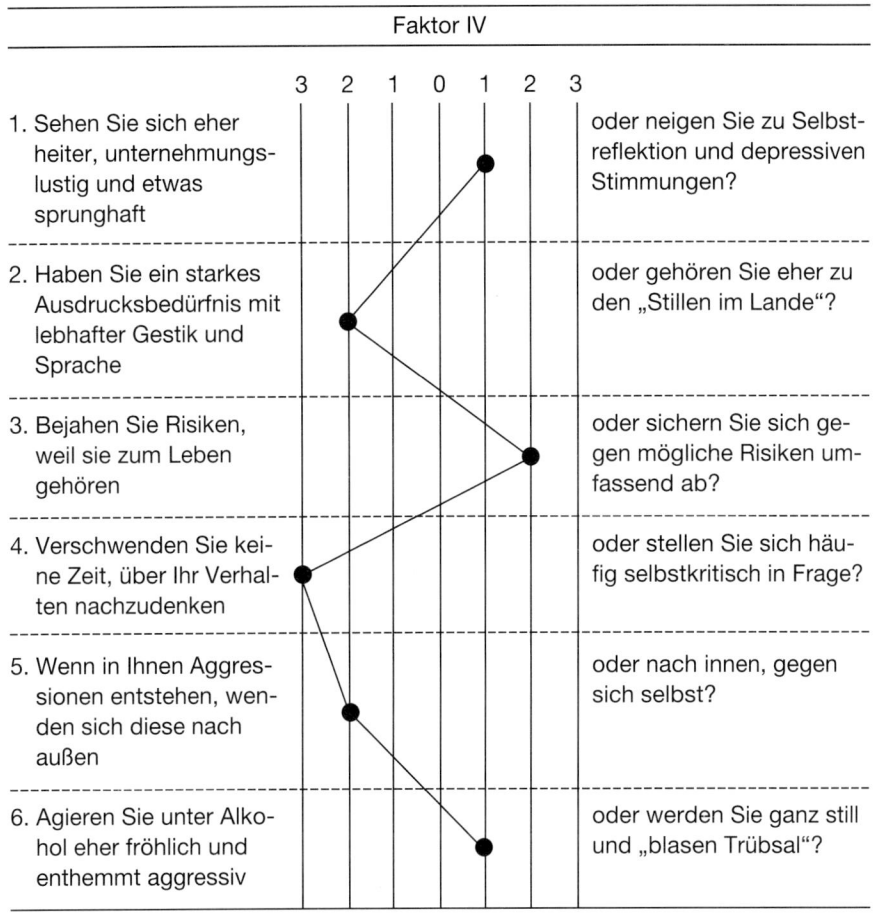

	3	2	1	0	1	2	3	
1. Sehen Sie sich eher heiter, unternehmungslustig und etwas sprunghaft					●			oder neigen Sie zu Selbstreflektion und depressiven Stimmungen?
2. Haben Sie ein starkes Ausdrucksbedürfnis mit lebhafter Gestik und Sprache		●						oder gehören Sie eher zu den „Stillen im Lande"?
3. Bejahen Sie Risiken, weil sie zum Leben gehören						●		oder sichern Sie sich gegen mögliche Risiken umfassend ab?
4. Verschwenden Sie keine Zeit, über Ihr Verhalten nachzudenken	●							oder stellen Sie sich häufig selbstkritisch in Frage?
5. Wenn in Ihnen Aggressionen entstehen, wenden sich diese nach außen		●						oder nach innen, gegen sich selbst?
6. Agieren Sie unter Alkohol eher fröhlich und enthemmt aggressiv					●			oder werden Sie ganz still und „blasen Trübsal"?

109

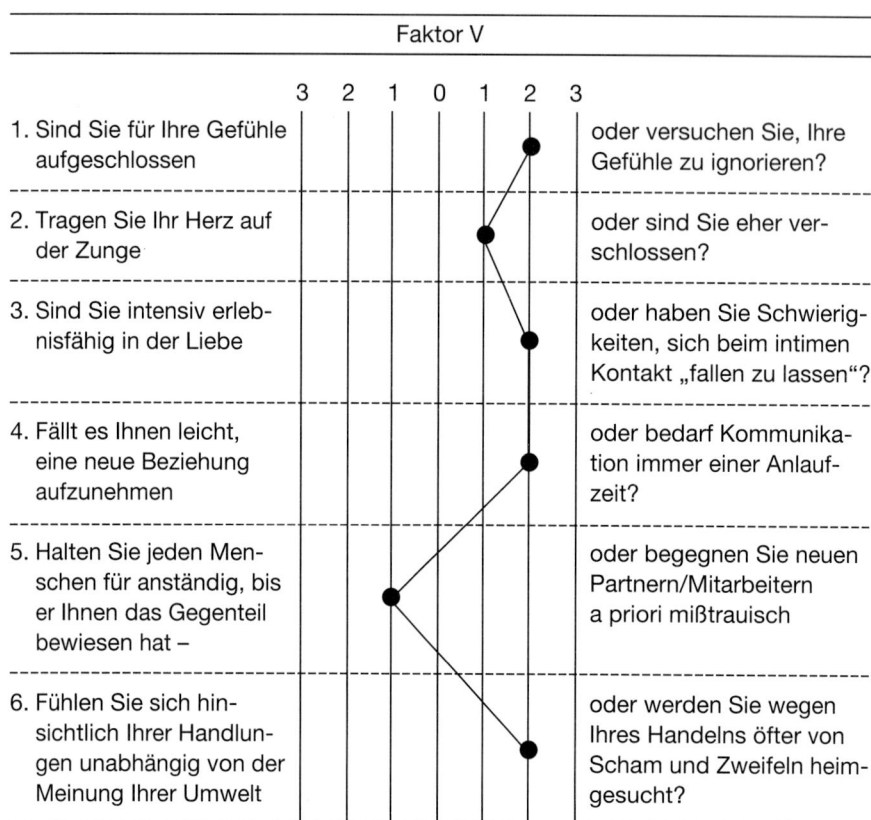

	3	2	1	0	1	2	3	
1. Sind Sie für Ihre Gefühle aufgeschlossen						●		oder versuchen Sie, Ihre Gefühle zu ignorieren?
2. Tragen Sie Ihr Herz auf der Zunge					●			oder sind Sie eher verschlossen?
3. Sind Sie intensiv erlebnisfähig in der Liebe						●		oder haben Sie Schwierigkeiten, sich beim intimen Kontakt „fallen zu lassen"?
4. Fällt es Ihnen leicht, eine neue Beziehung aufzunehmen						●		oder bedarf Kommunikation immer einer Anlaufzeit?
5. Halten Sie jeden Menschen für anständig, bis er Ihnen das Gegenteil bewiesen hat –		●						oder begegnen Sie neuen Partnern/Mitarbeitern a priori mißtrauisch
6. Fühlen Sie sich hinsichtlich Ihrer Handlungen unabhängig von der Meinung Ihrer Umwelt						●		oder werden Sie wegen Ihres Handelns öfter von Scham und Zweifeln heimgesucht?

	3	2	1	0	1	2	3	

1. Sind Sie ein geselliger Typ, der gerne ausgeht und ab und zu kräftig „auf die Pauke haut" — oder scheuen Sie Veranstaltungen, auf denen geklatscht und Blabla geredet wird?

2. Sind Sie dem anderen Geschlecht gegenüber unbefangen — oder haben Sie Hemmungen, die Sie zu überspielen versuchen?

3. Sind Sie, ganz allgemein, sehr begeisterungs- und hingabefähig — oder erscheint Ihnen Enthusiasmus weder auslebbar noch erstrebenswert?

4. Sind Sie phantasiereich und kreativ — oder wenden Sie sich auf der Suche nach Ideen lieber an ander, die in dieser Hinsicht begabter sind?

5. Gehört eine konkurrierende Haltung zu den Grundzügen Ihres Lebens — oder kämpfen Sie nur, wenn es sich gar nicht vermeiden läßt?

6. Sind Sie, in Freundschaft und Liebe, zur Dauerbindung fähig — oder sind für Sie alle Bindungen nur Episoden?

111

Die statistische Auswertung dieser 6-Faktoren-Analyse wurde bereits im 1. Teil erläutert (Seite 45). Jetzt übertragen wir die Werte aller drei Analysen auf das Analyse-Tableau:

1. Archetypen-Dominanz

Wanderer	Krieger	Magier
6	24	2

2. „Wasser-Land"-Analyse

Wasser	Land
10	20

3. Charakter-Analyse

	neurotisch?				sehr gut			gut		„normal"		schwach	
Faktoren/Wert	17	16	15	14	12	11	10	8	7	5	4	2	1
I:SWG											●		
II: Dominanz								●					
III: Moral								●					
IV: High								●					
V: Kommun.												●	
VI: Soz.Pot.										●			

Es folgt die Auswertung des Analyse-Tableaus:

In der Tat liegt das „Innenleben" dieses Managers vor uns wie ein aufgeschlagenes Buch – ohne Einsatz tiefenpsychologischer Tests, wohlgemerkt! Was erkennen wir?

1. Der Manager ist ein „Krieger", der sein Ziel vehement verfolgt; und der die Tendenz hat, auftauchende Schwierigkeiten „niederzukämpfen".
2. Der geringe „Wanderer"-Wert weist den Manager als einen Typ aus, der sich an den orthodoxen Spielregeln der Gesellschaft und seines Unternehmens festklammert. Er fühlt sich in der Hierarchie wohl und frönt der Devise: „Keine Experimente!"
3. Im Hinblick auf „Magier"-Qualitäten ist unser Manager arg zu kurz gekommen: zu kreativem Denken ist er nicht erzogen worden. Und in seiner Selbstherrlichkeit als „Macher" hat er sich noch nie die Frage „Wer

bin ich?" vorgelegt. Er weiß ja, wer er ist – meint er! Und wer sich nicht für sein eigenes Selbst interessiert, interessiert sich erst recht nicht für das Innenleben anderer!

4. Die „Krieger"-Dominanz wird ergänzt und verstärkt durch die Tatsache, daß in der Seelenlandschaft dieses Managers eindeutig der „Land"-Anteil das Übergewicht hat. Das heißt: Weibliche Eigenschaften, wie das Zeigen von Gefühlen oder Mitleid mit Schwächeren, sind nur rudimentär vorhanden und können sich nicht durchsetzen.

5. Unser Manager hat, nach dem Ergebnis der Charakteranalyse, ein gut entwickeltes Dominanzstreben, d. h. den „Willen zur Macht".

6. Seine Herrschsucht wird von einer starken moralischen Bindung in Schach gehalten.

7. Seine Stimmung ist in der Regel „gehoben".

8. Sein Auftreten in der Öffentlichkeit ist überzeugend.

Jetzt kommt der deutlich erkennbare Pferdefuß:
9. Seine Kommunikationsfähigkeit ist miserabel. Dieses Manko drückt auf sein Selbstwertgefühl, das bei den sehr guten Werten für Dominanz, Moral und Stimmung ebenfalls im Bereich „gut" sein müßte. Das bedeutet: Dieser Manager hat es offensichtlich gelernt, öffentlich in passabler Weise aufzutreten. Das hilft ihm jedoch nichts, wenn er mit Mitarbeitern kommunizieren muß.

Als nächstes vergleichen wir das Anforderungsprofil seiner Aufgabe mit seiner Persönlichkeitsstruktur:

Der Manager hat es mit Franzosen und Italienern zu tun, die uns Deutsche a priori nicht mögen. (Warum sollten sie auch?) Außerdem sind die Mentalitäten beider Völker sehr von unserer deutschen verschieden. Und nun kommt der Repräsentant eines deutschen Unternehmens, das die anderen aufgekauft hat, um diesen Gallier- und Römer-Abkömmlingen zu zeigen, „wo es lang geht". Wer als deutscher Manager bei dieser Aufgabe *nicht* scheitern will, muß zwei Eigenschaften aufweisen: Einfühlungs- und Kommunikationsvermögen. Eben daran fehlt es unserem „Krieger" – und deshalb ist er, für diese Aufgabe, eine Fehlbesetzung! An seinem Scheitern ist also zunächst einmal die Geschäftsleitung schuld.

Nun ist es ja heute so, daß man nicht so ohne weiteres Ersatz für einen Manager bekommt. Ergo: Dieser Mann wird in einem „motivierenden Gespräch" in der Geschäftsleitung aufgefordert, sich „am Riemen zu reißen" und diese faulen Ausländer „auf Vordermann zu bringen". Bei dieser Lage der Dinge sucht unser Manager einen Coach auf.

Wenn der Coach mit seinem Klienten die gemeinsam erarbeitete Persönlichkeitsanalyse diskutiert und die offensichtliche Kommunikationsschwäche anspricht, wird sich der Betroffene wehren und die Schuld für sein Versagen auf zwei Instanzen verteilen: auf die Geschäftsleitung, weil sie ihn als Refa-Spezialisten zu einer so diffizilen Führungsaufgabe bestimmt hat; und, natürlich, auf seine Eltern: Die haben ihn falsch behandelt, deshalb sei er kommunikationsschwach – und daran lasse sich jetzt nichts mehr ändern!

Es ist notwendig, daß Sie als Coach entschieden gegen die verbreitete Ansicht vorgehen, die Eltern hätten uns verpfuscht und deshalb seien wir zu Versagern geworden. Tatsache ist, daß

● alle Eltern Erziehungsfehler machen, obwohl sie in der Regel das Beste für ihre Kinder wollen;

● wir alle gewissermaßen in einem Käfig leben, dessen Gitterstäbe aus falschen bzw. sogar für uns schädlichen Programmen bestehen;

● uns niemand daran hindert, als falsch oder schädlich erkannte Programme zu eliminieren; mit andern Worten: Es liegt an uns, innerhalb dieses nur gedachten Gitters zu leben, weil es bequem ist – oder ob wir wenigstens einen Teil dieser Stäbe „auslöschen" und damit in eine Freiheit gelangen, die wir selbst verantworten müssen …

Hier liegt allerdings der Hund begraben: bei der Verantwortlichkeit des einzelnen für sein Leben und die zu treffenden Entscheidungen. Es ist viel bequemer, die Schuld für falsche oder für nicht getroffene Entscheidungen den längst verstorbenen Eltern in die Schuhe zu schieben. Ich empfehle Ihnen deshalb, sich als Coach folgende Einstellung zu eigen zu machen: *Lehnen Sie alle Hinweise eines Klienten auf Schädigungen durch elterliche Erziehungsfehler ab!* Wir leben im Heute und müssen heute für unser Handeln einstehen! Und wenn wir erkannt haben, daß wir ein für uns ungünstiges Verhalten aufweisen, dann müssen wir eben dieses falsche Verhalten ändern! Das kann jeder intelligente Mensch, wenn er nur will! Womit wir beim Grundproblem des Daseins angelangt wären: bei der *Motivation!*

Auf unseren konkreten Fall bezogen, heißt dies: Unser Manager muß zunächst einmal akzeptieren, daß es in seiner Situation nur eine Alternative gibt: entweder er wirft das Handtuch – damit wäre seine Karriere und vermutlich auch der Verbleib in der Firma in Frage gestellt; oder er beißt sich durch und löst sein Problem!

Die Grundlage dieser Problemlösung heißt: Unser Manager muß seine Kommunikationsschwäche überwinden. Dabei helfen wir ihm durch die Kreation spezieller „Formeln", die er in sein Unterbewußtsein versenkt, begleitet von ganz bestimmten Übungen. Nach den oben erarbeiteten drei Prinzipien können die Formeln für unseren Manager beispielsweise so lauten:

Stufe 1 („Erfolgs-Formel"): „Ich akzeptiere mich und bin erfolgreich."

Stufe 2 („Meta-Formel"): „Ich bin *der* Rationalisierungsfachmann des Unternehmens; ich organisiere den Produktionsablauf im In- und Ausland; ich gestalte meine Zukunft mit Weitsicht."

Stufe 3 („Individual-Formel"): „Ich komme mit *allen* Menschen zurecht."

Die Stufen 2 und 3 ergeben, wie bereits beschrieben, das „Ich-Ideal" für den „neuen Menschen".

Nun empfehle ich Ihnen zwei zusätzliche Aktivitäten für den Klienten:

1. Vom ersten Tag an, wenn er also die „Erfolgs-Formel" in sich versenkt hat, soll er sich jeden Abend vor dem Einschlafen vorstellen, wie er seine Arbeit glatt und reibungslos durchführt! Er muß sich *sehen*, wie er mit den französischen und italienischen Manager-Kollegen erfolgreich und in einer guten Atmosphäre verhandelt. Ich wiederhole: *Er muß sich ganz konkret sehen* – und mit diesem Bild des Erfolgsmanagers einschlafen!

2. Er soll, ebenfalls vom ersten Tag an, nach Arbeitsende (oder in einer Pause) in ein Restaurant oder Caféhaus gehen und sich an einen Tisch zu einem anderen Gast setzen, *um mit ihm ein Gespräch zu führen!* Er kann, beispielsweise, das Gespräch so beginnen: „Ich bitte um Ihr Verständnis dafür, daß ich mich zu Ihnen gesetzt habe! Aber ich muß wenigstens einmal täglich einen mir unbekannten Menschen sehen, nachdem ich den ganzen Tag mit den gleichen Mitarbeitern Probleme wälze!" In aller Regel wird der so Angesprochene dann fragen, was der Manager beruflich mache ... Wesentlich ist, daß Ihr Klient diesen Gesprächsversuch Tag für Tag wiederholt! Dann kommen die Erfolgserlebnisse zwangsläufig: *Unser Manager wird erkennen, daß er kommunikationsfähig ist!*

Verehrte Coach-Kollegen (beiderlei Geschlechts): Verlieren Sie bitte nie aus den Augen, worauf es ankommt, wenn Sie die von mir vorgeschlagene Methode praktizieren:

● Sie müssen das Vertrauen Ihres Klienten gewinnen.
● Sie sollten ihm unmißverständlich und mit Nachdruck klarmachen, daß er *aus eigener Kraft* aus seiner mißlichen Situation herauskommen werde, *wenn er dies wirklich wolle!*
● Sie sollten ihm glaubhaft versichern, daß Sie keine Theorie zum besten geben, sondern mit Hilfe Ihrer Methode schon etliche gestreßte Führungskräfte zu „neuen Menschen" gemacht haben!

Ich wünsche Ihnen viel Erfolg bei Ihrer verantwortungsreichen und schönen Tätigkeit als Coach! Und vermittle Ihnen im nächsten Abschnitt an Hand von Beratungsbeispielen noch einige Tips aus meiner Praxis.

2. Beratungsbeispiel: „Ein umstrittener Geschäftsführer"

Wanderer	Krieger	Magier
2	14	3

Wasser	Land
16	18

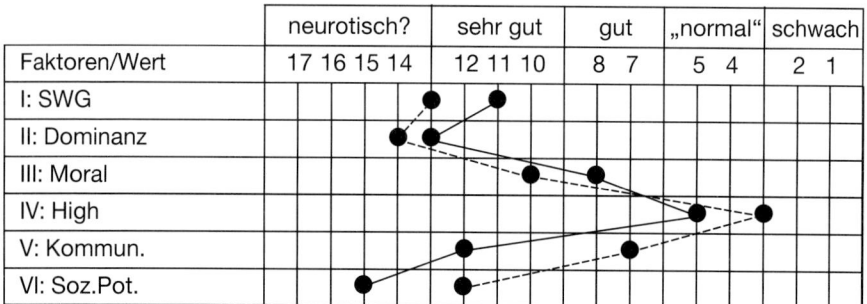

	neurotisch?	sehr gut	gut	„normal"	schwach
Faktoren/Wert	17 16 15 14	12 11 10	8 7	5 4	2 1
I: SWG					
II: Dominanz					
III: Moral					
IV: High					
V: Kommun.					
VI: Soz.Pot.					

Ausgangslage: Herr Fritz Obenauf ist 38 Jahre alt, Einzelhandelskaufmann mit mittlerer Reife, unverheiratet. Nach 10 Jahren als Abteilungsleiter in einem Sportartikel-Geschäft ist er seit nunmehr drei Jahren Geschäftsführer eines Sportartikelhauses, in dem (in vier Stockwerken) alles verkauft wird, was zum Sport gehört. Obenauf hat den Job aufgrund einer

116

Stellenanzeige erhalten. Der Gründer des Hauses war am Herzinfarkt gestorben und der einzige Sohn wollte von einem Kaufmannsdasein nichts wissen. Er ist Archäologe und hält sich meist im Vorderen Orient zu Grabungen auf. Dieser Wissenschaftler läßt Herrn Obenauf freie Hand – solange das Geschäft mit Gewinn arbeitet.

Nun ist der Geschäftsführer Obenauf zu einem Coach gekommen – auf Empfehlung eines Freundes, der ihn schon engagiert hatte und mit dessen Leistung sehr zufrieden gewesen war.

Obenauf macht beim ersten Coach-Besuch nicht viele Worte. Er sagt, er sei als Geschäftsführer erfolgreich, fahre einen „Rolls", hätte 22 Angestellte, davon 14 Damen, einschließlich einer Top-Sekretärin und einer tüchtigen Buchhalterin, die mit dem Steuerberater den ganzen „Finanzkram" schmeiße. Er selbst sieht seine Stärke in der Akquisition neuer Kunden, weshalb er Mitglied verschiedener Vereine sei. Unter anderem sei er Vize-Präsident des Marketing-Clubs und Sekretär im Rotary-Club. Was ihm Sorgen bereite, sei die lustlose Stimmung seines Verkaufspersonals, über die sich die Stammkunden bereits beklagt hätten. Außerdem hatte er in den drei Jahren seiner Geschäftsführertätigkeit eine Fluktuation von gleichbleibend 20 Prozent, während sie beim alten Chef bei drei Prozent gelegen hätte. Er, Obenauf, müsse also irgendeinen psychologischen Führungsfehler machen. Um dies herauszufinden, sei er hier.

Coach-Aktivitäten: Da der Coach den Eindruck hatte, Obenauf sei intelligent und argumentiere vor allem aus dem Erwachsenen-Ich, kam er ebenfalls gleich zur Sache: Er erklärte seinem neuen Klienten die drei Analysen („Archetypen", „Wasser-Land" und „6-Faktoren-Selbstbild") und gab sie ihm als „Hausaufgabe" mit: er solle die Formulare in Ruhe ausfüllen und selbst auswerten. Dann fragte der Coach seinen Klienten nach der Zusammenarbeit mit seiner „Top-Sekretärin". Obenauf antwortete ohne Zögern, diese 32jährige, unverheiratete Frau sei ungewöhnlich tüchtig und unbedingt loyal. Er hätte volles Vertrauen zu ihr – was übrigens auf Gegenseitigkeit beruhe. Im übrigen sei sie ein damenhafter Typ, die zu allen Menschen, Mitarbeitern wie Kunden, eine gewisse Distanz halte. Sie sei seit vier Jahren im Hause und noch vom Firmengründer, ein Jahr vor dessen Tod, eingestellt worden. Deshalb sei sie wohl die bestinformierteste Person im Hause – neben der 50jährigen Buchhalterin, die schon 20 Dienstjahre auf dem Buckel hätte. Doch sei sie ein Mauerblümchen-Typ, die sich in ihrem Büro vergrabe und nie in Erscheinung träte – außer zur Mittagspause im Casino.

Der Coach machte Herrn Obenauf darauf aufmerksam, daß im Kopf des 6-Faktoren-Selbstbildes die Anmerkung stünde: „mit Fremd-Bewertung". Das heißt, ein Klient hätte die Möglichkeit, diesen Bogen von einer dritten Person ankreuzen zu lassen, die ihn gut kenne, z.B. von der Ehefrau, der Sekretärin oder einem Assistenten. Ob er bereit wäre, sich von seiner Sekretärin beurteilen zu lassen? Er hätte dann eine interessante Kontrolle, inwieweit sich sein Selbstbild möglicherweise von jenem unterscheide, das die Sekretärin von ihm gewonnen hätte? Obenauf zögerte kurz und meinte dann: „Warum nicht? Meine Sekretärin ist loyal! Und jetzt bin ich neugierig geworden, wie sie mich sieht!" Der Coach gab ihm daraufhin einen weiteren 6-Faktoren-Bogen für die Sekretärin mit und meinte zum Abschluß dieses ersten Gespräches: „Daß Sie sich auf die Fremd-Bewertung einlassen zeigt mir, daß Sie wirklich bereit sind, eine möglicherweise zum Vorschein kommende Führungsschwäche aufzuarbeiten!"

Analyse der Klienten-Persönlichkeit: Beim zweiten Besuch übertrug der Coach alle Ergebnisse auf das Analyse-Tableau (siehe Abbildung). Die durchgehende Linie manifestiert die Selbstanalyse des Klienten, die gestrichelte Linie die Beurteilung der Sekretärin. Dann begann der Coach die Interpretation:

Der Klient hat ein sehr gut entwickeltes Selbstwertgefühl (Faktor I). Der Faktor II zeigt indessen ein Dominanzstreben an, das an die Grenze zum Krankhaften reicht.

Nun kann man die etwas unglückliche Bezeichnung „Dominanzstreben" in zwei Richtungen interpretieren: zum einen kann sie „Herrschsucht" bedeuten, den „Willen zur Macht", wie man früher sagte. Sie kann aber auch für eine „dominierende Persönlichkeit" stehen, für „einen Menschen, den man nicht übersieht". Welche dieser beiden Interpretationen zutreffender ist, ergibt sich aus dem Gesamtbild der sechs Faktoren. Und was sehen wir da? Im Faktor VI ergibt die Bewertung ausdrücklich ein schon krankhaftes Verhalten. Nämlich das Verhalten eines Menschen, der dauernd schreit: „Ich bin der Größte!" Der amerikanische Psychotherapeut de Ropp sagt, so ein Mensch spiele das „Hahn-auf-dem-Misthaufen-Spiel": Hauptsache, man wird bemerkt! Lieber ein berühmter Verbrecher sein, als ein Niemand! Aus dieser Sicht gewinnen auch des Klienten Aktivitäten in diversen Vereinen einen anderen Sinngehalt. Denn er ist ja hier kein gewöhnliches Mitglied, sondern „Vize-Präsident" bzw. „Sekretär"... Mit anderen Worten: Der Klient ist ein fürchterlicher

Angeber. Dies wird ihm zuweilen übelgenommen, vor allem von Mitarbeitern.

Nun hält sich unser Klient auch noch für sehr kommunikationsfähig. Wobei es vermutlich so ist, daß ihn seine Clubfreunde aus Höflichkeit tolerieren, während ihm seine Mitarbeiter, wegen ihrer Abhängigkeit, „schön ins Gesicht tun" – aber ausstehen können sie ihn nicht!

Allerdings verschiebt sich die Gesamtauswertung nicht unerheblich, wenn man das Urteil der Sekretärin über ihren Chef mit einbezieht. Die meint nämlich, daß sein Selbstwertgefühl arg überzogen und seine Angeberei nur schwer erträglich sei. An dieses „immer im Mittelpunkt stehen wollen" ihres Chefs mußte sie sich erst in einem längeren Prozeß gewöhnen. Daß sie nicht im ersten Jahr seines Auftretens das Handtuch geworfen hat, führt sie auf zwei Gründe zurück: Sie hält Obenauf für einen anständigen Menschen (F III), was bei jüngeren Top-Managern heute nicht immer „normal" ist. Und er tut ihr irgendwo leid: denn sie hat beobachtet, daß seine Stimmung zuweilen tief sinkt (F IV), was auf verborgene Depressionen hinweisen könnte. Im übrigen läßt er ihr freie Hand – die Tätigkeit in dieser Firma gefällt ihr.

Interessant in der Bewertung der Sekretärin ist überdies, daß sie sein Auftreten in der Öffentlichkeit nicht gar so imposant sieht wie er – und daß sie seine Kommunikationsfähigkeit (F V) als „gut" einstuft, aber keineswegs als „sehr gut".

Fazit: Unter Mitberücksichtigung der Archetypen und des Wasser-Land-Verhältnisses ergibt sich folgende Zusammenschau:

Der Klient ist zwar ein „Krieger/Unternehmer"-Typ, aber keiner von der harten Sorte, weil sein weiblicher Seelenanteil fast dem männlichen die Waage hält. Er empfindet unbewußt diese Schwäche, wenn es um das Kämpfen in unserer Leistungsgesellschaft geht und versucht, sie durch Angabe zu kompensieren. Im übrigen ist er wohl für den harten Konkurrenzkampf zu anständig. Und weil er sich innerlich verunsichert fühlt, getraut er sich nicht, mit seinen Angestellten in einer offenen, nicht-manierierten Weise zu reden. Deshalb wird er von der Mehrzahl der Mitarbeiter gefühlsmäßig abgelehnt – konkret kann niemand etwas gegen ihn vorbringen. Vermutlich sehen die ehrgeizigen Mitarbeiter bei diesem „Chef ohne Vision" keine Zukunft in diesem Hause, weshalb sie zur Konkurrenz überwechseln. Es sind ja immer die Besten, die weglaufen

– und nicht in erster Linie wegen ihrer Unzufriedenheit mit der Bezahlung!

Als Abschluß aller Überlegungen sagte der Coach zu seinem Klienten: „Herr Obenauf! Sie sollten künftig versuchen, Ihr Super-Ego zu dämpfen und Ihre Angestellten als mündige Mitarbeiter zu behandeln. Wenn Ihnen dies gelingt, lösen sich Ihre Probleme in Luft auf! Meinen Sie nicht, daß sich dieser Versuch lohnt? Wenn Sie jetzt „Ja" sagen, werde ich Ihnen gerne behilflich sein, ein noch erfolgreicherer und vor allem glücklicher Mensch zu werden!"

Bei diesem Stand der Dinge erbat sich Obenauf Bedenkzeit und fuhr ins Geschäft. Dort nahm er all seinen Mut zusammen und führte mit seiner Sekretärin – zum ersten Male seit drei Jahren – ein offenes Gespräch, ganz „menschlich" und ohne jede Überheblichkeit. Beide besprachen zunächst das Analyse-Tableau, vor allem die Bewertung durch die Sekretärin. Schließlich schlossen die beiden ein Gentleman-Agreement: Obenauf wollte sich den Coach-Ratschlägen fügen, was immer da auf ihn zukommen sollte! Und die Sekretärin wollte ihn nach Kräften „moralisch unterstützen".

Der Coach entwarf folgendes Selbsthypnose-Procedere:
Stufe 1 („Erfolgs-Formel"): „Ich dämpfe mein EGO und bin erfolgreich."
Stufe 2 („Meta-Formel"): „Ich bin ausgeglichen; ich verstehe meine Mitmenschen; ich entwickle mich aufwärts."
Stufe 3 („Individual-Formel"): „Ich kommuniziere mit Verstand *und* Gefühl."

Zusätzliche Doppelübung:
1. Herr Obenauf entwickelt täglich vor dem Schlafengehen die Vorstellung, wie er als bewunderter und beliebter Chef im Hause arbeitet.
2. Er geht jeden Morgen zur gleichen Zeit durch den gesamten Betrieb und begrüßt alle Mitarbeiter – an ihrem Arbeitsplatz! – mit einem freundlichen „Guten Morgen!".

Ab der zweiten Woche, wenn dieser Rundgang keine Sensation mehr ist, spricht Obenauf einige Mitarbeiter an, ob sie Wünsche hinsichtlich ihrer Arbeit oder vielleicht Verbesserungsvorschläge hätten. *Ziel dieser Aktion:* Die Mitarbeiter müssen wissen, daß man den Chef bei seinem morgendlichen Rundgang jederzeit ansprechen kann! *Ein* Ergebnis wird sein: Die Fluktuation verringert sich schlagartig!

„Moral von der Geschicht": Der „Fall Obenauf", der sich im Jahre 1988 abspielte, hatte Konsequenzen: Die Sekretärin gab ihre distanzierte Haltung auf und wurde ein liebenswerter Mensch. Dafür wurde sie von Obenauf zu seiner „Assistentin" befördert. Schließlich entwarf Obenauf (mit Coach-Beratung) eine Firmenphilosophie, die er bei seinen Rundgängen immer wieder unter die Leute brachte. Eine weitere Folge dieser „vorgelebten Philosophie" war eine Reihe brauchbarer Verbesserungsvorschläge und eine steigende Zahl von Bewerbern aus Konkurrenzbetrieben.

3. Beratungsbeispiel: „Familiendrama"

Ort der Handlung ist eine bayerische Privatbrauerei. Nomineller Chef ist Franz Xaver Hiebler (57), verheiratet mit Theresa (52), geborener Zimmermann. Beide haben einen Sohn Vinzenz (33), der in Weihenstephan seinen Braumeister gemacht hat. Er arbeitet seit fünf Jahren im väterlichen Betrieb und leitet das Brauhaus.

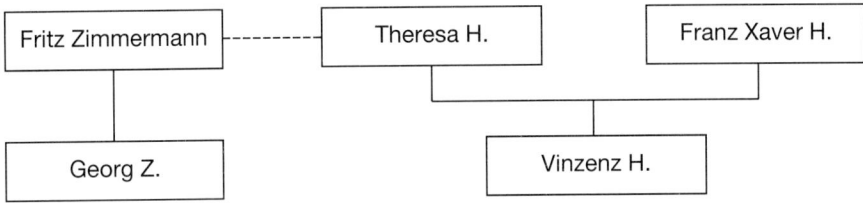

Nun kommt Theresa Zimmermann-Hiebler ebenfalls aus einer Privatbrauerei, die von Theresas Bruder Fritz (55) geleitet wurde und pleite gegangen ist. Fritz hat sich bei einer Großbrauerei als Vertriebsleiter verdingt. Sein Sohn Georg (35) ist ebenfalls, wie sein Cousin Vinzenz, Braumeister und arbeitet in dieser Funktion in einer Privatbrauerei, die einem Fürsten gehört und finanziell gut abgesichert ist.

Der Vinzenz Hiebler erscheint eines Tages bei einem Berater und erklärt, er stehe so unter dem Druck der beiden Familien Hiebler und Zimmermann, daß er dies nicht länger aushalten könne. Ob der Berater ihm vielleicht aus dieser Zwickmühle helfen könne?

Auf Befragen schildert Vinzenz sein Problem wie folgt:

Er, Vinzenz, leite das väterliche Brauhaus. Glücklicherweise erfolgreich, denn in dieser Privatbrauerei wird seit 400 Jahren gutes Bier nach dem immer gleichen Rezept gebraut. Seine Funktion bestehe eigentlich nur in der Überwachung des Brauvorganges. Im übrigen seien da erfahrene Altgesellen vor Ort: der Betrieb würde auch ohne ihn laufen …

Sein Problem bestehe darin, daß sein Vater wünsche, er, Vinzenz, solle die Brauerei möglichst bald verantwortlich übernehmen. Abgesehen davon, daß er dazu keine Lust hätte, gäbe es ja noch seinen Cousin Georg, der über seine Tante Theresa versuche, die Leitung der Hieblerschen Brauerei zu übernehmen. Seine, Vinzenz, Mutter sei eine harte und herrschsüchtige Frau, die ihn gelegentlich öffentlich als „Versager" bezeichne und eindeutig für ihren Neffen Georg votiere. Und Vinzenz Vater, in der Familie nur „Xare" genannt, sei ein herzensguter „Waschlappen", der der Mutter nicht gewachsen sei. Deshalb wollte er gerne jetzt schon, obwohl erst 57 Jahre alt und kerngesund, die Brauerei seinem Sohne übergeben, um rein rechtlich neue Tatsachen zu schaffen.

Als der Coach fragte, ob sein Vater von diesem Besuch wüßte, antwortete Vinzenz, ohne zu zögern, „Ja". Es wurde daraufhin vereinbart, daß Vinzenz und sein Vater, ohne Wissen der übrigen Familie, die drei Analyse-Bogen ausfüllen sollten, als Grundlage für ein weiteres Gespräch. Hier sind die beiden Analyse-Tableaus:

Wanderer	Krieger	Magier
12	8	3

Wasser	Land
15	5

Vater:

Faktoren/Wert	neurotisch?				sehr gut			gut		„normal"		schwach	
	17	16	15	14	12	11	10	8	7	5	4	2	1
I: SWG													●
II: Dominanz											●		
III: Moral							●						
IV: High												●	
V: Kommun.						●							
VI: Soz.Pot.									●				

Wanderer	Krieger	Magier
4	2	0

Wasser	Land
8	2

Sohn:

Faktoren/Wert	neurotisch?	sehr gut	gut	„normal"	schwach
	17 16 15 14	12 11 10	8 7	5 4	2 1
I: SWG					•
II: Dominanz		•			
III: Moral				•	
IV: High				•	
V: Kommun.					•
VI: Soz.Pot.				•	

Auswertung der „Vater-Analyse":

Faktor V: Vertrauensseligkeit; macht aus seinem Herzen keine Mördergrube; Wahrheitsfanatiker. Reiches Gefühlsleben, intensive Erlebnisfähigkeit.

Faktor III: Starke Programme moralischer Art; grundanständig. Ordentlich und geschickt im Umgang mit Geld.

Faktor I: Selbstwertgefühl schwankt um den Nullpunkt herum.

Faktor IV: Fühlt sich verkannt, hat Depressionen. Übt ständig kritische Selbstreflektion. Hat Angstzustände: Was wird aus der (menschlichen) Umwelt noch auf mich zukommen?

Faktor II: Dominanzstreben fehlt völlig; geborener Untertan.

Der „Wanderer" überwiegt eindeutig. Durch die Reflektionen ist „Xare" vorwiegend mit Selbstfindung beschäftigt. Das heißt, die Frage „Wer bin ich?" hat ihn Zeit seines Lebens am meisten beschäftigt.
Der schwache „Krieger"-Wert signalisiert, daß dieser Vater kein Mensch ist, der sich Ziele setzt und alle auftretenden Widerstände niederkämpft.
Das „Wasser-Land"-Verhältnis signalisiert eindeutig, was sich im 6-Faktoren-Selbstbild bestätigt: Reiches Gefühlsleben, kein Dominanzstreben.

Fazit: Ein herzensguter, aber lebensschwacher Mensch.

Auswertung der „Sohn-Analyse":

Faktor I: Schwaches Selbstwertgefühl. Vinzenz fühlt sich unverstanden und nicht anerkannt. Sieht sich in der Arbeit kritisiert und ist auch deshalb nicht durchsetzungsfähig.

Faktor II: Dominanzstreben im Sinne von Trotzreaktionen, um die SWG-Schwäche zu überdecken. Ab und zu heftige Wutausbrüche, was ihm den Ruf eines unbeherrschten Menschen einträgt.

Faktor III: Der schlechte Wert in dieser Kategorie zeigt eindeutig, daß eine Programmierung im Sinne eines „Eltern-Ich" nicht stattgefunden hat. Vinzenz pfeift auf die „bürgerliche Moral", ist unordentlich, versteht nicht mit Geld umzugehen und ist unstetig.

Faktor IV: Der Vergleich des „Wasser-Land"-Verhältnisses von Sohn und Vater zeigt, daß sich der Sohn mit dem Vater identifiziert hat. Es hat offensichtlich keine herzliche Mutter-Kind-Beziehung gegeben. Als Folge dieser frühkindlichen Frustration hält sich Vinzenz anderen gegenüber verschlossen – ein Ur-Mißtrauen dominiert das ganze Verhalten. Daher der niedere Wert in F IV: Die Stimmung dieses Menschen ist stets gedämpft.

Faktor V: Aufgrund der Ergebnisse der Faktoren I – IV ist nicht zu erwarten, daß Vinzenz kommunikationsfähig ist. Folgerichtig ist „Kommunikation", d.h. die Fähigkeit, echte zwischenmenschliche Beziehungen herzustellen, der größte Schwachpunkt im Charakter des Vinzenz.

Faktor VI: Dem Gesamtbild adäquat ist auch die „soziale Potenz" schwach entwickelt. Dieser Mensch ist nicht gesellig, dem anderen Geschlecht gegenüber befangen, wenig hingabefähig, von schwacher Potenz und nicht zu einer Dauerbindung fähig. Diese Schwäche signalisiert er übrigens unbewußt durch Sprache und Körpersprache.

Fazit: Ein lebensschwacher Mensch ohne Zielsetzung und ohne Durchsetzungsvermögen, der seinen depressiven Frust ab und zu durch Wutausbrüche zu kompensieren sucht.

Coach-Aktivitäten: In einem Dreiergespräch, in dem der Coach mit schonungsvollen Worten, aber dennoch ganz klar mit den Fakten operierend, den beiden ihre Situation verdeutlicht hatte, stellte er einige Fragen:

● Glaubt der Vater Franz Xaver, ob er zum Lebensglück seines Sohnes Vinzenz beitrage, wenn er ihn zwinge, die Brauerei zu übernehmen?

● Glaubt der Sohn Vinzenz, daß er bei Übernahme der Brauerei den ständigen Angriffen und Intrigen gewachsen sei, die von seiten seiner Mutter und ihrer Verwandtschaft zu erwarten seien? Vor allem, weil sein Vater nach offizieller Übergabe nichts mehr für seinen Sohn tun könne?

● Wenn Vinzenz durch eine unglückliche Fügung des Schicksals nicht Brauer geworden wäre – welchen anderen Beruf könnte er sich vorstellen, der ihm wirklich Spaß machen würde?

Mit diesen Fragen schickte der Coach Vater und Sohn nach Hause. Sie sollten sich wieder melden, wenn sie sich entschieden hätten.

Nun hatte der Coach damit gerechnet, daß der Vater nachgeben würde. Einfach deshalb, weil er laut Analyse (F III) sehr stark in moralische Programme eingebunden war. Er war ein grundanständiger Mensch und würde es letztlich nicht übers Herz bringen, seinen Sohn „sehenden Auges" ins Unglück zu stürzen. Denn die vernichtende Analyse seines Sohnes hatte dem Vater klargemacht, daß Vinzenz von seiner Charakterstruktur her kein erfolgreicher Unternehmer werden könne. Und er sagte in einem Augenblick der Einsicht: „Ich bin ein schwacher Vater und habe einen schwachen Sohn herangezogen!"

Nachdem die grundsätzliche Entscheidung gefallen war und bei einem letzten Gespräch in der Praxis des Beraters offenkundig gemacht worden war, verwandelte sich der Vater schlagartig: er wirkte plötzlich jünger, aufgeschlossener und humorvoll und verließ das Büro erhobenen Hauptes, mit federndem Gang. Wobei er zu seinem Sohn sagte: „Komm, Vinzenz – jetzt genehmigen wir uns ein Festmahl! Der Start ins neue Leben muß gefeiert werden!"

So geschehen im Jahre 1987. Vinzenz studierte nochmal sechs Semester in Richtung „Kulturgeschichte" und Journalistik und schreibt mittlerweile Aufsätze über die historische Entwicklung des Brauwesens in Europa. Wobei er sich zum Schreiben gerne in die Toscana zurückzieht – auf das Landgut seines Vaters! Der hatte den Familienbetrieb an eine Großbrauerei verkauft und sich aus dem bayerischen Kleinbürgermilieu in die sonnige Weite der Toscana zurückgezogen. Ohne seine herrschsüchtige Frau übrigens – die wollte ihm nicht ins „Land der Katzlmacher" folgen ...

Verehrte Leserinnen und Leser: Ich habe bereits im Vorwort betont, wie verantwortungsvoll die Coach-Tätigkeit ist! Maßgebend muß immer das persönliche Glück des Klienten sein – und nicht die Rücksicht auf Traditionen oder „Familieninteressen". Es war auch nicht notwendig, für den Vinzenz Hiebler „Formeln" zu entwickeln. Nachdem durch die Entscheidung des Vaters der seelische Druck von ihm genommen worden war, erinnerte er sich an sein im Gymnasium gewecktes Interesse für das „Leben im Mittelalter" – und das war für ihn der Einstieg in seine neue Zukunft. Da brauchte er keinen Coach mehr ...

4. Beratungsbeispiel: „Ein neurotischer Medicus"

Eines Tages, im Jahre 1987, kam ein Arzt zum Coach, der aus einer alten schlesischen Adelsfamilie stammte. Er war 42 Jahre alt, ledig, und hatte kommissarisch eine Chefarzt-Stelle an der Universitätsklinik inne. Er arbeitete überwiegend mit schizophrenen Patienten. Nun hatte er Führungsschwierigkeiten mit dem Personal seiner Abteilung: mit zwei jüngeren Ärzten, vier Krankenpflegern, drei Krankenschwestern und zwei Zivildienstlern. Er hatte gehört, daß der Coach Spezialist für Management-Fragen sei. Er, der Arzt, mache offensichtlich Führungsfehler, und deshalb sei er gekommen.

Seine Situation schilderte er nach Aufforderung so: Sein spezielles Arbeitsgebiet sei die Therapie Schizophrener, bei denen er eine Kombination von Musik-, Bewegungs- und Maltherapie anwende. Seine Patientengruppe von 16 Personen ist in den vergangenen Monaten bedeutend ruhiger und umgänglicher geworden, was auch vom Pflegepersonal bestätigt werde. Der Machtkampf zwischen ihm und den Ärzten werde offiziell „rein akademisch" ausgetragen: Er, der kommissarische Chef, möchte bei dieser Patientengruppe einen Teil der eingesetzten Präparate, sogenannte Neuroleptika, „ausschleichend" absetzen, weil deren antipsychotische Wirksamkeit umstritten, deren Nebenwirkungen indessen erheblich seien. Die beiden jüngeren Ärzte in seinem Team plädierten für einen Austausch der Präparate gegen die eines anderen Herstellers, nicht aber für Absetzen. Offensichtlich seien die beiden Herren schon so „pharmazieverseucht", daß sie sich eine Therapie ohne massiven Einsatz „chemischer Keulen" nicht mehr vorstellen könnten (oder wollten).

In Wirklichkeit, so bemerkte der ärztliche Klient, ginge es nicht um diese akademischen Streitfragen. Man wolle ihn „abschießen", wozu man Gerüchte in Umlauf setze: er sei oft tagelang angetrunken, neige zu exzessivem Verhalten in Form von Wutausbrüchen oder Weinkrämpfen und hätte diese Position nur erhalten, weil sein Doktorvater ihn hineinlanciert hätte. Vor kurzem sei sein Doktorvater gestorben, und schon blase man zum „Halali" gegen ihn.

Es wurde dem Coach rasch klar, daß er bei diesem intelligenten und sicherlich mißtrauischen Klienten nicht mit seiner „normalen Formular-Tour" vorgehen könne. Also ließ er alle Analyse-Bogen weg und versuchte, zunächst des Klienten „Wasser-Land"-Konfiguration zu klären:
„Ich kann mir vorstellen, daß Ihr Vater das unumschränkte Familienoberhaupt ist. Welche Rolle spielt denn Ihre Mutter?"
Aus der Antwort erfuhr der Coach, daß der Vater ein „hartherziger Tyrann" sei. Die Mutter aber sei „eine Seele von Mensch" gewesen, unerhört gefühlvoll, an ihr sei er sehr gehangen. Leider sei sie vor drei Jahren gestorben.

Die nächste Frage des Coach zielte auf die Archetypen:
„Ich bin ein Anhänger der Psychologie C. G. Jungs. Wie Sie sicherlich wissen, spielen bei Jung die Archetypen eine bedeutende Rolle, weil diese Ur-Bilder aus dem Unbewußten heraus unser Verhalten mitbestimmen. Ich habe nun beobachtet, daß für Manager zwei dieser Archetypen eine besondere Rolle spielen können: der „Wanderer" und der „Krieger". Ich werde Ihnen jetzt im Telegrammstil diese Archetypen beschreiben – und Sie sagen mir dann, welchen von beiden Sie sympathischer finden."

Das Ergebnis des Klientenurteils war ein überwältigendes Votum für den „Wanderer". Schließlich bat der Coach den Arzt, doch „mal eben", schnell und ohne großes Nachdenken, diese 6-Faktoren-Analyse auszufüllen. Das sei kein psychologischer Test, sondern eine Selbstbild-Analyse hinsichtlich der Managerqualitäten. Der Coach verließ unter einem Vorwand das Zimmer und ließ den Arzt arbeiten. Danach füllte der Coach rasch das Analyse-Tableau aus, woraus sich folgendes Bild ergab:

Wanderer	Krieger	Magier
20	4	–

Wasser	Land
16	6

	neurotisch?	sehr gut	gut	"normal"	schwach
Faktoren/Wert	17 16 15 14	12 11 10	8 7	5 4	2 1
I:SWG				●	
II: Dominanz			●		
III: Moral					●
IV: High				●	
V: Kommun.	●				
VI: Soz.Pot.		●			

Die Werte für den „Krieger" und für den „Land"-Anteil hat der Coach geschätzt. Ein „Magier"-Wert war ohne Analyse-Bogen nicht zu ermitteln. Der Coach erbat sich „drei Minuten Geduld" und interpretierte im Geiste das Diagramm. (Für Sie als Leser sei hier die Interpretation schriftlich wiedergegeben):

Faktor III: Der Klient hält nichts von „bürgerlicher Moral" – ganz im Gegenteil: er setzt sich darüber hinweg, wann immer ihm danach zumute ist! Ihm ist nichts heilig, er hält nichts von Selbstdisziplin, und der Begriff „Ordnung" ist ein Fremdwort für ihn, damit kann er nichts anfangen …

Faktor V: Weil er vom Eingebundensein in gesellschaftliche Spielregeln nichts hält, leistet er sich Gefühlsausbrüche, die ihn für seine Freunde zuweilen schwer erträglich machen. Er bewegt sich an der Grenze zu neurotischem Verhalten, weil er sein Herz auf der Zunge trägt und nichts für sich behalten kann. Im übrigen kann er ein sehr zärtlicher Liebhaber sein, wobei ihn, wie er nebenbei erzählte, „Exotinnen" besonders leicht entflammen. Beeinflußt und verstärkt wird dieses Verhalten durch zwei Gegebenheiten: Der starke „Wasser"-Anteil weist ihn als eine vorwiegend vom Gefühl gesteuerte Persönlichkeit aus. Und seine schon extreme Vorliebe für den Archetyp

„Wanderer" ist sicherlich *ein* Grund für seine Bindungs-unfähigkeit. Er ist ständig auf der Suche nach seinem Selbst, wobei ihm, unbewußt, die Menschen seiner näheren Umgebung als „Spiegel" dienen müssen – besonders Frauen.

Faktor I/IV: Unter den geschilderten Umständen ist sein SWG permanent „im Keller". Seine Stimmung (F IV) schwankt immer um den „Nullpunkt" herum, das heißt auf der Grenze zur Depression. Wenn er gelegentlich, wie er erzählte, „über die Stränge schlägt", weil er sich in einer Freundesrunde betrinkt, ändert sich sein Verhalten stets nach dem gleichen Ritual: Leicht angetrunken wird er lebhaft und witzig; wenn der Alkohol-spiegel steigt, kommt der Klient in seine „lustige Phase" und lacht über den größten Unsinn laut und schallend. Schließlich, volltrunken, kommt er in die depressive Phase, nennt sich einen „dekadenten Typ", findet das Leben schlechthin zum Kotzen und beginnt irgendwann, laut und hemmungslos zu weinen.

Faktor II/VI: Das einzige, was, außer einem „normalen" Dominanz-streben, den Klienten aufrecht hält, ist eine ihm vom Vater anerzogene „adelige Contenance". Körpersprache und Ge-stik verraten in der Tat den Adeligen – solange er nüchtern ist. Im übrigen ist er ein guter Pianist, weshalb ihm auf Partys die Herzen der Damen nur so zufliegen, wenn er in die Tasten greift (wie er nicht ohne Stolz erzählt). Erstaunlicherweise hat, wie der Coach beobachtet, sein wüstes Leben nur wenige Spuren in seinem Gesicht hinterlassen; er ist noch immer eine repräsentative Erscheinung.

Nun erläuterte der Coach seinem Klienten an Hand der Zacken im Dia-gramm seine Situation, wie er sie selbst dargestellt hatte. Er war be-eindruckt und gab zu, daß er diese Interpretation „im großen ganzen" akzeptieren müsse.

Coach-Aktion

Dieses erste – und einzige! – Gespräch hat, ohne Unterbrechung, dreiein-halb Stunden gedauert. Als der Klient am Ende fragte, ob er ihm einen „Rat auf den Heimweg" mitgeben könnte, antwortete der Coach:

● Ihr Problem Nr. 1 ist es, daß Sie sich so konsequent außerhalb der ‚bür-gerlichen Ordnung' in unserer Gesellschaft bewegen – damit machen Sie sich nur Feinde!

- Ihr Problem Nr. 2 ist Ihre unkontrollierte Redseligkeit. Sie tun offensichtlich Ihren Mitmenschen ständig kund, daß Sie nichts von ihnen halten – was Ihnen sicher als ,Arroganz' ausgelegt wird und Ihnen keine Freunde schafft.
- Ihr Problem Nr. 3 ist der Alkohol. Er steht für Ihre Flucht aus der Realität, die Sie nur als ,verkotzt' bezeichnen – wiewohl dem nicht so ist. Die Welt ist immer so, wie man sie sieht; ich finde sie, trotz aller Mängel, immer noch liebenswert.

Und jetzt werde ich Ihnen ein paar ganz konkrete Vorschläge machen – ob Sie sich danach richten wollen, ist Ihre Entscheidung! Also:

1. Machen Sie es Ihren schizophrenen Patienten nach und bauen Sie sich eine ,zweite Welt' auf. Beispielsweise in den Bergen, auf einer Alm. Dorthin ziehen Sie sich zurück, mit einer Frau und einigen Kisten Wein, wann immer Ihnen danach zumute ist! Aber hören Sie endlich damit auf, hier, am Ort Ihres Wohnens und Wirkens, als ,besoffener Baron' herumzulaufen!

2. Machen Sie einen der beiden Ärzte, die Ihnen unterstehen, offiziell zu Ihrem Vertreter! Der soll sich um den therapeutischen Tagesablauf und um den Papierkrieg kümmern – dann wird das Gerede über Ihre Führungsschwäche leiser werden!

3. Gewöhnen Sie sich Ihre überflüssige und für Sie schädliche Redseligkeit ab, indem Sie eine ,innere Bremse' einbauen: Immer, wenn Sie sich spontan äußern wollen, dann legen Sie Daumen und Mittelfinger der *rechten* Hand aufeinander und sagen sich innerlich: ,...schweigen ist Gold'. Wenn Sie diese kleine, aber ungeheuer wirksame Übung konsequent durchführen, Tag für Tag – dann werden Sie nach spätestens drei Wochen feststellen: Ich bin kein Schwätzer mehr! Auch Ihre Umgebung wird dies feststellen – und nur darauf kommt es an!

4. Kein intelligenter Mensch kann auf die Dauer ohne Lebensphilosophie existieren! Vielleicht denken Sie einmal darüber nach, wodurch sich Ihre Vorfahren ausgezeichnet haben, daß sie dafür geadelt worden sind! Und ob es für Sie kein Anreiz sein könnte, im Sinne Ihres angesehenen Geschlechts zu leben. Ein Adeliger nicht nur des Titels, sondern der Gesinnung wegen – ist das keine Alternative zu einem gestrauchelten Arzt?"

Der Coach hat von diesem Klienten drei Jahre lang nichts mehr gehört. Doch dann geschah etwas Eigenartiges: Der Verwaltungsdirektor der Klinik erschien beim Coach, weil er mit dem Medizinischen Leiter nicht auskam. Bei dieser Gelegenheit erfuhr der Coach, daß sich der Baron nach Irland abgesetzt hatte, nachdem er eine irische Krankengymnastin kennengelernt hatte. Er kam nach einem Jahr auf kurzen Besuch in die Klinik und erzählte, er hätte eine Praxis für psychisch geschädigte Familien eröffnet, die in immer größerer Zahl vor dem Bürgerkrieg im Norden des Landes fliehen. Und, so bemerkte der Verwaltungsdirektor, der „versoffene Baron" hätte einen ganz vernünftigen Eindruck gemacht ...

Der Coach hat sich über diese Nachricht gefreut. Aber er würde nie auf die Idee kommen, die offensichtlich günstige Verhaltensänderung seines ehemaligen Klienten auf dieses eine Gespräch von ein paar Stunden Dauer zurückzuführen. Bei extremen Verhaltensänderungen im Leben eines Menschen, verbunden mit plötzlichem „Tapetenwechsel", wirken *immer* mehrere Faktoren zusammen. In unserem Beispiel war es vermutlich die Kombination „Irin + Beratung", die die „Verwandlung" des Arztes bewirkte.

5. Beratungsbeispiel: „Drum prüfe, wer sich ewig bindet ... "

Ein Unternehmensberater hatte eine Stammfirma aus dem Chemiebereich, unter dem Dach der VEBA. Seine Ansprechpartnerin, wenn es um Veranstaltungen ging, war eine gewisse Gabriele, Direktions-Sekretärin.

Eines Tages rief sie den Berater an und sagte, sie hätte einen „privaten Coach-Auftrag" für ihn. Sie hätte, während eines Kurzurlaubes auf Mallorca, einen wirklich tollen Mann kennengelernt: 34 Jahre alt, ledig, sehr gut aussehend, durchtrainierte Sportlerfigur – und, na ja, auch sonst hätten sie gut harmoniert! Von Beruf sei der Mann Repräsentant einer Großhandlung für Installationsgeräte. Und jetzt bedränge er sie: ob sie nicht zusammenziehen sollten? Er wohnt nämlich 70 km entfernt. Spätere Heirat nicht ausgeschlossen ...

Die Sekretärin meinte, ihre Testunterlagen hätte der Coach ja noch. Sie hätte ihren neuen Freund überredet, ebenfalls eine Selbstanalyse zu machen, obwohl er gar nichts davon halte! Der von ihm angekreuzte Fragebogen ginge heute noch an den Coach ab, falls er ihrer Bitte entspreche. Sie wolle wissen, ob sie und ihr neuer Schwarm wirklich zusammenpaßten ...

Der Coach sagte zu und holte die alten Unterlagen hervor. Das Analyse-Tableau von Gabriele sah so aus:

Wanderer	Krieger	Magier
8	12	6

Wasser	Land
10	14

Gabriele:

Faktoren/Wert	neurotisch? 17 16 15 14	sehr gut 12 11 10	gut 8 7	„normal" 5 4	schwach 2 1
I: SWG	15 •				
II: Dominanz	15 •				
III: Moral			8 •		
IV: High			7 •		
V: Kommun.		11 •			
VI: Soz.Pot.	14 •				

Interpretation:

Faktor I: Das Selbstwertgefühl der 35jährigen Klientin ist sehr stark entwickelt und reicht bereits in den neurotischen Bereich. Die Basis dieses starken SWG ist die positive Resonanz aus der Umwelt: Die Klientin wird geachtet, wegen ihrer Leistung hoch geschätzt, ist durchsetzungsfähig und an gepflegtem Aussehen interessiert.

Faktor II: Hier zeigt sich ein Dominanzstreben, das genauso überentwickelt ist wie das SWG der Klientin. Solche Personen sind ungeduldig, wenn es um die Durchführung wesentlicher oder kurz terminierter Maßnahmen geht. Dabei entstehen Aggressionen, die von der Klientin stets nach außen abreagiert werden (keine Gefahr für Magengeschwüre!). Es ist anzunehmen, daß die energische Dame nicht nur Bewunderer hat …

Faktor III: Die außergewöhnlich hohen Werte von F I und F II werden in ihrer Wirkung durch ein ausgeprägtes Moralgefühl gemindert: Die Klientin hat moralische Grundsätze, die sie davon abhalten, berufliche Machtmöglichkeiten zu mißbrauchen.

Faktor IV–VI: Die Zusammenschau dieser drei Faktoren ergibt ein sehr positives Bild: Die Klientin ist stimmungsmäßig ausgeglichen. Sie ist offen, zuweilen etwas unvorsichtig offen und ist intensiv erlebnisfähig in der Liebe. Weit überdurchschnittlich ausgeprägt ist die „soziale Potenz": Die Klientin ist gesellig, heterosexuell unbefangen, sehr hingabefähig und zu einer Dauerbindung disponiert. Die konkurrierende Haltung anderen gegenüber ist ein Grundpfeiler ihres Wesens: Sie muß stets mit anderen ihre Kräfte messen, auf der Basis eines ausgeprägten Selbstvertrauens. Außerdem ist die Klientin phantasiereich und kreativ.

Im übrigen ergibt das „Wasser-Land"-Verhältnis eine gefühlsmäßig „gebremste" Männlichkeit. In der Archetypen-Konfiguration dominiert zwar der „Krieger", wird indessen durch die Suche nach dem Selbst („Wanderer") und durch einen gewissen Hang zur Transzendenz gemildert („Magier"). Alles in allem: Gabriele ist ein wertvoller Mensch mit „Drang zum Höheren".

Das Analyse-Tableau Heiners ergab folgendes Bild:

Wanderer	Krieger	Magier
16	6	0

Wasser	Land
14	8

Heiner:

Faktoren/Wert	neurotisch?				sehr gut			gut		„normal"		schwach	
	17	16	15	14	12	11	10	8	7	5	4	2	1
I:SWG			●										
II: Dominanz											●		
III: Moral												●	
IV: High				●									
V: Kommun.			●										
VI: Soz.Pot.			●										

133

Der 34jährige Mann fällt durch die Interpretation seiner Analyse-Bögen aus dem Rahmen jener Werte, die einen psychisch Gesunden charakterisieren. Weil von den sechs Faktoren vier in jenen Bereich fallen, der „Anlaß zur Besorgnis" gibt: Dieser Klient ist ganz schön neurotisch!

Faktor I: Der Klient hat ein außerordentlich starkes Selbstwertgefühl, dessen Basis seine gute berufliche Leistung sein muß. Denn an Persönlichkeitswerten hat er nichts vorzuweisen.

Faktor II: Es fehlt ihm ein starkes Dominanzstreben, weshalb er für Führungsaufgaben ungeeignet ist. Er ist als „Repräsentant" sicher ein guter Verkäufer – das wärs denn auch!

Faktor III: Wirklich besorgniserregend ist seine moralische Einstellung, die praktisch gleich Null ist. Er hat also kein ethisches Wertsystem verinnerlicht und ist deshalb gefährdet, auch mal „krumme Touren" zu nützen. Wegen der mangelnden Selbstkontrolle und Selbstdisziplin kann von einer „gewissenlosen" Gesamteinstellung gesprochen werden, mit Neigung zu Unordentlichkeit, Bequemlichkeit, Unstetigkeit und mangelnder Begabung im Umgang mit Geld. Und natürlich fehlen ihm jene Eigenschaften, die ihn als Lebenspartner begehrt machen würden, wie Treue, Anständigkeit und Wahrheitsliebe „aus Prinzip". Solche Menschen lügen skrupellos, um sich aus einer selbstverschuldeten unangenehmen Situation zu retten.

Faktor IV: Die emotionale Grundstimmung dieses Klienten ist weit jenseits der Norm. Dieser Mensch ist heiter, flexibel, unternehmungslustig und sprunghaft. Was fehlt, ist jegliche Beharrlichkeit. Im übrigen denkt dieser Mensch niemals über seine psychische Befindlichkeit nach: Selbstkritik findet nicht statt.

Faktor V: Der Klient weist anderen gegenüber jenes Ur-Vertrauen auf, das auf eine glückliche Mutter-Kind-Beziehung schließen läßt. Er ist der eigenen Gefühlswelt gegenüber aufgeschlossen, akzeptiert aufkommende Gefühle, drückt seine Gefühle anderen gegenüber offen aus und ist fähig, Gefühle von anderen anzunehmen. Insofern ist er ein „bezaubernder" Liebhaber.

Faktor VI: Diese Kategorie erweist unseren Klienten als einen potenten Menschen: zum einen in einer Liebesbeziehung, zum anderen hinsichtlich der Art, wie er sich „verkauft". Wobei er aufpassen muß, nicht zu oft „Ich bin der Größte" zu rufen.

Fazit: Der Klient spielt eine Rolle, die überzogen ist. Dies kommt einer Ersatzbefriedigung gleich, durch die innere Leere und Richtungslosigkeit überspielt werden sollen. Dieses „Alibi-Leben" kann so lange erfolgreich über die Bühne gehen, als noch Reste von jugendlichem Charme und heiterer Spieleraktivität vorhanden sind. In einigen Jahren wird sich erweisen, daß die gegenwärtige Rolle weder ausreicht, die Umwelt zu täuschen – noch sich selbst! Im übrigen zeigt auch das „Wasser-Land"-Verhältnis die starke Gefühlsüberlegenheit – so ein Mensch kann kein Dominanzstreben entwickeln! Und der Wert „16" weist den Klienten als ewig Suchenden aus, als „Wanderer", der nie zur Ruhe kommt und auch nichts findet! Das scheint sein Schicksal zu sein …

Wir wollen uns nun eine *gedankliche Abschweifung* erlauben und die Frage aufwerfen: Angenommen, Heiner wäre zum Coach gekommen, ohne Gabriele kennengelernt zu haben: einfach deshalb, weil er spürt, daß bei ihm irgendetwas psychisch nicht stimmt. Was hätten Sie denn, als Coach, mit diesem schon ziemlich „kaputten" Menschen angefangen? Auf welche Weise hätten Sie ihm zu helfen versucht?

Wie uns das Diagramm eindeutig sagt, ist das Hauptproblem Heiners seine fehlende Moral, seine Gewissenlosigkeit. Also sollten wir, um Heiner helfen zu können, fragen: Wenn er „gewissenlos" ist – was fehlt ihm da eigentlich? *Was ist dieses Gewissen?*

Das Gewissen hat, wie Philip Lersch einst formulierte, ein *Janusgesicht.* Einerseits sieht es auf die Sinnwerte der Welt, auf jene ethischen Kategorien, denen wir uns verpflichtet fühlen sollten, wie etwa Freiheit, Liebe, Wahrheit, Gerechtigkeit etc. Aber: Mit seinem zweiten Gesicht sieht das Gewissen, diese unbestechliche Kontrollinstanz, immer auf unser personales Selbst. Letztendlich geht es beim Gewissen um das „Prinzip Verantwortung": Wir sind, als denkende und fühlende Menschen, stets zwei Instanzen verantwortlich: der Welt, in der wir leben – und uns selbst gegenüber. Grafisch könnte man dies so darstellen:

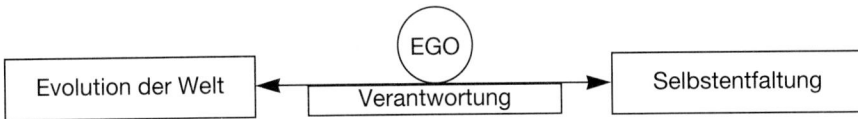

Unterstellen wir nunmehr, der Coach könnte Heiner von dieser Pflicht zur Verantwortung überzeugen, indem er vielleicht Benjamin Franklin zitiert; und er könnte ihn dahingehend motivieren, daß er wenigstens einen *Versuch* macht, sich psychisch weiterzuentwickeln – dann könnten sich daraus folgende „Formeln" ergeben:

1. Erfolgs-Formel: „Ich akzeptiere mich als selbstverantwortlich."
2. Meta-Formel: „Ich bin ausgeglichen, habe ein Ziel und die Kraft, es zu erreichen."
3. Individual-Formel: „Mein Ziel ist mein Selbst."

Soweit, verehrte Leser, diese „Abschweifung". Sie mögen daraus einen meiner Coach-Grundsätze erkennen: Man soll nie die Flinte ins Korn werfen, wenn man einen schwierigen Klienten vor sich hat.

Als der Coach beide Diagramme auf einem Analyse-Tableau vereinigte, ergab sich folgendes Bild:

Wanderer		Krieger		Magier	
8	16	12	6	6	0

Wasser		Land	
10	14	14	8

Synopse
Gabriele/Heiner:

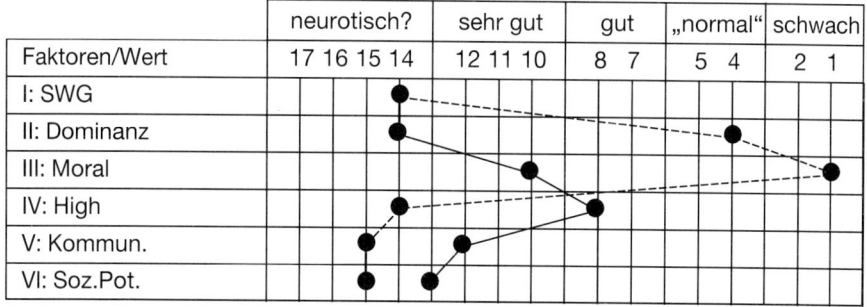

Faktoren/Wert	neurotisch?				sehr gut			gut		„normal"		schwach	
	17	16	15	14	12	11	10	8	7	5	4	2	1
I: SWG													
II: Dominanz													
III: Moral													
IV: High													
V: Kommun.													
VI: Soz.Pot.													

Gabriele könnte, mit ihren 35 Jahren und in jener angesehenen Position, die sie sich mühsam erarbeitet (und erkämpft) hat, nur verlieren, wenn sie sich mit ihrem neuen Liebhaber, diesem „Bilderbuch-Neurotiker", „auf ewig" liieren würde. Solche „schönen und potenten Männer" genießt man als Frau eine Zeitlang unverbindlich – und vergißt sie wieder! Dann haben beide ihren Spaß gehabt – und keiner ist dem anderen „moralisch" etwas schuldig!

„Also sprach Zarathustra" – durch Beraters Mund...

6. Zeitstudie: „Tempora mutantur ... "

Wer „in der guten alten Zeit" noch Latein gelernt hat, kennt jenen Vers, der Ovid zugeschrieben wird und in deutscher Übersetzung lautet: „Die Zeiten ändern sich und wir ändern uns mit ihnen." Nun gibt es ja den oft bemühten „Zeitgeist", der uns erkennen läßt, daß „man" über bestimmte Probleme heute nicht mehr so denkt, wie ein paar Jahrzehnte zuvor. Als Beispiel sei hier nur das „Umweltbewußtsein" erwähnt. Aber: Hierbei handelt es sich um Tendenzen der öffentlichen Meinung, die weitgehend von Medien kreiert bzw. gesteuert werden. Uns interessiert jedoch, ob sich der einzelne Mensch im Laufe von Jahrzehnten verändert.

In meiner Sammlung von GT-Auswertungen befinden sich Testbögen, die in den 70er Jahren ausgefüllt worden sind. Vor kurzem habe ich einige dieser Test-Personen gebeten, heute den gleichen Test nochmal zu machen. *Ein* derartiges Beispiel möchte ich Ihnen jetzt vorführen.

Die Test-Person, ein Elsässer namens Charles, ein Bekannter, aber kein Klient, war 1976 48 Jahre alt, katholischer Priester und Angehöriger eines Ordens, dessen Schwerpunkt die Mission ist. Deshalb war auch Charles einige Jahre in Brasilien, im Sudan und im Libanon. Seit fünf Jahren ist er wieder in seiner Heimat als Gemeindepfarrer tätig. Wir haben uns kürzlich getroffen und von den alten Zeiten geredet, wo er einige Male als Rhetorik-Professor in meinen Seminaren tätig gewesen ist. Charles hatte damals, aus reiner Neugierde, den Gießen-Test angekreuzt und ihn jetzt, 16 Jahre später, wiederholt. Ich habe beide Tests in meine 6-Faktoren-Analyse transponiert. Das Ergebnis sieht so aus:

1976

Faktoren/Wert	neurotisch? 17 16 15 14	sehr gut 12 11 10	gut 8 7	„normal" 5 4	schwach 2 1
I: SWG					
II: Dominanz					
III: Moral					
IV: High					
V: Kommun.					
VI: Soz.Pot.					

1992

Faktoren/Wert	neurotisch? 17 16 15 14	sehr gut 12 11 10	gut 8 7	„normal" 5 4	schwach 2 1
I: SWG					
II: Dominanz					
III: Moral					
IV: High					
V: Kommun.					
VI: Soz.Pot.					

Interpretation:

Was uns hier interessiert, sind jene beiden Kategorien, die für alle Elite-Menschen charakteristisch sind: das Selbstwertgefühl (SWG) und das Dominanzstreben. Und was ergibt die Analyse der beiden Diagramme? Sowohl das SWG als auch das Dominanzstreben, schon 1976 im Bereich „Anlaß zur Besorgnis", haben sich in den vergangenen 16 Jahren zwar etwas verstärkt – *sind aber im Prinzip unverändert!*

Es muß nochmals etwas über das Dominanzstreben angemerkt werden. Ich hatte ja bereits ausgeführt, daß man unter diesem Begriff zweierlei verstehen kann: den „Willen zur Macht" – oder den Anspruch, als außergewöhnliche Persönlichkeit anerkannt zu werden! Vom Negativen her ist dies besser zu erläutern: Das Gegenstück zum „Herrscher" ist der „Untertan". Der Untertan ist dadurch gekennzeichnet, daß er Konflikten ausweicht, sich ängstlich klein macht und damit eine (typisch neurotische) *Ich-Einschränkung* herbeiführt. Der Untertan weist ein Mini-Ego auf, der Dominante ein Super-Ego. Aus dieser Tatsache ergibt sich der wesentliche Unterschied zwischen den Faktoren II und VI: Ein Mensch mit zu hohem Wert in VI schreit: „Ich bin der Größte!" Der Dominante in II

weiß: „Ich bin groß! Ich überrage den Durchschnitt um Haupteslänge!"
Das sagt er nicht, weil er es nicht nötig hat – aber er *lebt* dieseEinstellung!

Werfen wir nun wieder einen Blick auf die beiden Diagramme des Ordensmannes, so können wir feststellen: sein Selbstwertgefühl ist etwas gewachsen. Sein Eingebundensein in ethische Kategorien hat einen sichtbaren Schwund erlebt. Warum, ist hier nicht zu diskutieren …

Fazit: Die „Test-Person" Charles hat sich im großen und ganzen während 16 Jahren, nämlich zwischen dem 48. und dem 64. Lebensjahr, *nicht verändert.*

Da der Mensch das Maß aller Dinge ist, ich natürlich auch, will ich aus Fairneßgründen anfügen: Auch ich habe mich im Laufe meines langen Lebens nur in Nuancen geändert. Obwohl ich, auf der Suche nach „Selbstverwirklichung", den spirituellen Pfad vom Christentum, über Buddhismus und Sufismus, zur Esoterik gepilgert bin. Da nämlich all jene Glaubensrichtungen den gleichen Kern aufweisen, muß sich ein „Suchender" nicht verändern. Das „Suchen" ist sein Ziel, und deshalb verschmelzen Weg und Ziel zu einer Einheit.

Angenommen, ein Klient vom „Typ Drewermann" käme zu mir mit der Bitte um Hilfe, so würde ich ihm folgende Individual-Formel vorschlagen: „Ich akzeptiere die allen Religionen gemeinsame Verehrung Gottes – und bin glücklich!"

Interpretationshilfen

1. Anmerkungen zur Archetypen-Dominanz (Seite 16):

Diese Selbst-Analyse ist so angelegt, daß von den 18 angebotenen Statements jeweils sechs einem Archetyp zugeordnet sind. Und zwar:
dem Wanderer die Statements Nr. 5, 6, 11, 12, 15, 18,
dem Krieger die Statements Nr. 1, 2, 7, 8, 14, 16,
dem Magier die Statements Nr. 3, 4, 9, 10, 13, 17.

Die Frage, wie oft, zwischen 0 und 4mal, Sie eine der drei Archetypen-Einstellungen bereits gelebt haben, bedeutet: Normalerweise denken Sie ja nicht an Ihre Archetypen und deren Einfluß. Viele Menschen haben noch nie etwas von „Archetypen" gehört. Aber: Der Einfluß der Archetypen auf unser Gefühl, auf unser Denken und Handeln, ist immer da. Nehmen wir als Beispiel das Statement Nr. 1, das zum „Krieger" gehört:
Ich setze mein gesamtes Energiepotential ein, um mich zu beweisen und erfolgreich zu werden.

Immer, wenn Sie derartige Gedanken hatten, waren Sie unter dem Einfluß des „Krieger"-Archetyps. Wenn Sie also zum Typ „Pyramidenkletterer" gehören, der unbedingt Karriere machen will, so sollten Sie neben die **Nr. 1** die Ziffer „4" setzen = ich habe sehr oft diese „Kampfeinstellung" gehabt.

Anderes Beispiel: Das Statement Nr. 6 besagt:
Ich betrachte Freiheit als das höchste Gut – deshalb hüte ich mich, mit vielen Menschen zu vertraut zu werden. Jede Bindung engt mich ein.

Nehmen wir an, der Begriff der „Freiheit" hätte für Sie noch nie eine Rolle gespielt, dann setzen Sie neben die **Nr. 6** eine „0".

Nun wechselt der Einfluß der Archetypen im Verlaufe unseres Lebens immer wieder, so daß diese Archetypen-Analyse eine *Momentaufnahme* darstellt. Wenn Sie die Analyse nach einem Jahr wiederholen, ergeben sich vermutlich andere Werte. *So sollte es ja auch sein, wenn Sie im Sinne von „Selbstverwirklichung" Ihre Einstellungen verändern.* Aus dem Blickwinkel der Human-Psychologie sollte beispielsweise eine Verschiebung vom „Krieger" über den „Wanderer" zum „Magier" stattfinden. Aber dies ist

Ansichtssache und hängt mit dem ethischen Wertsystem eines Menschen zusammen und mit seiner persönlichen Zielsetzung.

Für eine erste, mehr summarische Auswertung der Archetypen-Analyse seien hier einige Stichworte aufgeführt:

„Wanderer": Für den Wanderer ist das Leben ein Abenteuer. Er sucht seine eigenen Grenzen zu erkennen und sprengt dabei grundsätzlich die engen Normen jenes Gesellschaftssystems, in dem er lebt. Der „Wanderer" wird zwangsläufig zum Außenseiter, und daraus ergibt sich seine Identität.

„Krieger": Der „Krieger" setzt sich (in der Regel sehr hohe) Ziele und versucht diese um jeden Preis zu erreichen, gewissermaßen mit „Brachialgewalt". Wer sich ihm in den Weg stellt, wird „niederkartätscht". Identitätsprobleme hat er keine. Als „Vollblutkrieger", der weder „Wanderer"- noch „Magier"-Anteile aufweist, ist er ein Mensch ohne innere Substanz.

„Magier": Der „Magier" ist kreativ und gestaltet sein Leben selbst. Die wichtigste Frage, auf die er zeitlebens eine Antwort sucht, heißt: „Wer bin ich?" Wobei er sich nicht mit einer oberflächlichen Analyse zufrieden gibt, sondern vor allem versucht, seinen „Schatten" aufzuhellen. Wenn der „Magier" Einsicht in sein seelisches Innenleben gewonnen hat, ist er fähig, sich in Freiheit auszuleben. Und da diese innere Balance auf andere wirkt, wird der „Magier" oft zu einem großen Verwandler: er hilft anderen, zu sich selbst zu finden.

Persönlichkeits-Hypothesen

	Wanderer	Krieger	Magier
Utopie	24	24	24
„Tyrann"	4	24	0
„Unsteter"	24	6	6
Selbstverwirklicher	18	6	24
„Normalmensch"	8	10	2

Um eine Übersicht zu gewinnen, wie sich Archetypeneinflüsse bei einzelnen Menschen auswirken könnten, empfehle ich Ihnen das Überdenken der folgenden Persönlichkeits-Hypothesen:

Den *Übermenschen*, der in allen drei Bereichen Höchstwerte erzielt, gibt es nicht. Er ist auch nicht wünschenswert. Sollte ein Klient diesen Werten in allen drei Spalten sehr nahekommen, dann muß Ihnen klar sein, daß er lügt. Vor allem belügt er sich selbst. Denn wenn er so wundervoll ausbalanciert und dem selbstverwirklichten Supermenschen bereits so ähnlich wäre – wieso kommt er dann als Hilfesuchender zu Ihnen?

Ein „Tyrann", sei er Politiker oder Unternehmer, schöpft sein Energiepotential voll und rücksichtslos aus. Die Frage „Wer bin ich?" ist ihm schon mal durch den Kopf gegangen, aber er hat sie schnell verdrängt. Und dem Magier, der sich zur geistigen und spirituellen Elite hochentwickelt hat, steht unser „Macher" verständnislos gegenüber.

Der „Unstete" ist ein Mensch, der durch die verschiedensten Bereiche des Lebens zieht, immer auf der Suche nach neuen Erlebnissen mit Menschen aller Rassen, Hautfarben und Religionen. Er hat ein beachtliches Einfühlungsvermögen entwickelt – nur nicht in seine eigene Situation. So bleibt er ein „Wanderer zwischen den Welten" – bis zur nächsten Wiedergeburt.

Der *Selbstverwirklicher* ist, im esoterischen Sinne, eine „alte Seele", die schon sehr viele Inkarnationen hinter sich hat. Daher das unstillbare Verlangen, an sich zu arbeiten und sich weiter aufwärts zu entwickeln, auf den „Punkt Omega" hin (Teilhard de Chardin). Er hat diverse Streifzüge durch das äußere und sein inneres Leben hinter sich. Nun ist er in der Lage, die Ernte seines Lebens in die Scheuer zu fahren – und von dieser Fülle anderen etwas abzugeben, die dafür aufnahmebereit sind.

Der „Normalmensch" ist in erster Linie mit dem Kampf ums Überleben beschäftigt. Doch reichen weder sein Energiepotential noch seine Selbstmotivation aus, auf irgendeinem Sektor den Gipfel zu erreichen. Zuweilen wird er daran erinnert, daß er so etwas wie ein „Innenleben" hat, vielleicht beim sonntäglichen Kirchgang – aber mit derartigen Fragen will er sich nicht belasten. Irgendwann hat er auch mal davon gehört, daß es „Esoteriker" gibt, die den Kontakt zum Übersinnlichen suchen – aber für derlei Mumpitz hat er keinen Nerv. Er lebt nicht, sondern wird gelebt und stirbt eines Tages, ohne eine Lücke zu hinterlassen …

2. Anmerkungen zur „Wasser-Land"-Analyse (Seite 27):

Der zu Recht weltberühmt gewordene Eric Berne, von unkreativen Neidern geringschätzig als „Pop-Psychologe" apostrophiert, hat behauptet, das Kind entwickle bis zur Vollendung des zweiten Lebensjahres jene Charakterstruktur, die ein „Lebensscript" zur Folge hat. So ein Lebens-script, zum Beispiel „Ich bin o.k., du bist nicht o.k.", wirkt unverändert bis zum Tode und bestimmt das Verhalten eines Menschen nachdrücklich – wenn auch nicht ausschließlich! Ähnliches kommt durch die Identifizierung des Kindes mit einem Elternteil zustande. Diese Identifizierung setzt ebenfalls in den ersten Lebensjahren ein und ist in ihrer Wirkung nicht mehr zu verändern! Deshalb ist es so wichtig für einen Menschen, sich im Zuge einer Selbstanalyse darüber klar zu werden, ob er mehr „Wasser" oder mehr „Land" in seiner Seelenlandschaft aufweist. Denn was nützt, beispielsweise, einem Pyramidenkletterer all sein Ehrgeiz, wenn ihn das viele Wasser seiner Seelenlandschaft gefangenhält und ihm nicht erlaubt, überhaupt den Fuß jenes Berges zu berühren, dessen Gipfel er so gerne erklimmen möchte? „Wasser"-Menschen können erfolgreiche Ärzte, Psychotherapeuten und Sozialarbeiter werden oder sich als Künstler hervortun. Aber zu „Machern" in irgendeinem Bereich sind sie nicht bestimmt...

Theoretisch kann das Verhältnis „Wasser" zu „Land" maximal 20 : 20 sein. Wenn bei einem Menschen das „Wasser" sehr überwiegt, so ergibt sich zum Beispiel ein Verhältnis 18 : 6. Beachten Sie bitte: *Das „Wasser" steht für das „Fühlen", das „Land" für das „Wollen".*

3. Gedanken zur 6-Faktoren-Analyse (Seite 35):

Zu dieser von mir konstruierten und getexteten Analyse wurde ich durch den „Gießen-Test" (GT) von Professor Horst-Eberhard Richter und Mitarbeitern angeregt. Ich setze diesen tiefenpsychologischen Test seit 1976 bei Managern ein, die sich freiwillig dazu bereiterklären. Zwei Beispiele, wie ich den Test praktiziere, finden sich in meinem „Chefbrevier" (mvg, 1992). Herr Professor Richter, dem ich diese beiden GT-Proben vorlegte, schrieb mir dazu am 17.1.1992: „Es freut mich, daß Sie mit dem Gießen-Test, mit dem Sie offenbar sehr gut umzugehen wissen, solche erfreulichen Erfahrungen machen. Ihre Beispiele sind sehr überzeugend."

Normalerweise ist dieser Test Einstieg zur Psychotherapie, die ich seit 1983 als Heilpraktiker offiziell betreibe. Da „normalen Beratern" dieser Weg verwehrt ist, und da man schon ein paar Jahre Erfahrung und ein fundiertes psychologisches Wissen benötigt, um den GT zu praktizieren, habe ich eine „verwässerte" Version erarbeitet, die nichts mehr mit einem psychologischen Test zu tun hat – aber dennoch befriedigende Ergebnisse liefert. Mein Modell bedient sich ebenfalls der sechs Skalen des GT, die ich „Faktoren" nenne; doch ist die Formulierung der Statements so abgefaßt, daß jeder Benutzer weiß, worum es geht. *Das Ganze ist also eine Selbstanalyse und kein Test. Herauskommt ein getreues Selbstbild des Klienten.* Mit anderen Worten: Wie sieht er sich selbst im Augenblick? Auch diese Analyse ergibt wieder eine „Momentaufnahme".

Um Ihnen, verehrte Leserinnen und Leser, die Interpretation dieser Charakteranalyse zu erleichtern, gebe ich anschließend noch einige Hinweise, was in den sechs Faktoren so an Informationen steckt. Eines sei vorweg gesagt: Bei allen derartigen Analysen bzw. bei ihrer Interpretation muß immer das Gesamtbild beachtet und gewertet werden! *Die Aussage eines Faktors ergibt nur im Kontext mit den übrigen fünf Faktoren ein „wahres", in sich geschlossenes Bild!*

4. Zusätzliche Informationen als Interpretationshilfe

Faktoren/Wert	neurotisch?				sehr gut			gut		„normal"		schwach	
	17	16	15	14	12	11	10	8	7	5	4	2	1
I: SWG													
II: Dominanz													
III: Moral													
IV: High													
V: Kommun.													
VI: Soz.Pot.													

Faktor I: *Selbstwertgefühl (SWG).* Das SWG hängt, außer von der Charakterstruktur, immer auch von der Resonanz unserer Umwelt uns gegenüber ab: Wir alle leben ein Leben aus zweiter Hand. Die vorliegende Analyse ist vor allem auf die Umweltresonanz abgestellt. Ergibt die Auswertung einen Wert in der Rubrik „schwach", so heißt das, daß sich der Klient als unbeliebt, ungeachtet, in der Arbeit kritisiert und als nicht durchsetzungsfähig empfindet. Ergibt die Auswertung andererseits einen Wert im Bereich „neurotisch?", so meint der Klient, niemand könne ihm „das Wasser reichen". Dies ist oft ein Hinweis auf die versuchte Kompensation eines Minderwertigkeitsgefühles. Einen zusätzlichen Hinweis erhält man als Auswerter durch Hinzunahme von Faktor V: Wenn der Klient

144

nicht kommunikationsfähig ist, d.h. im Bereich „schwach" erscheint, ist sein hochgestochenes SWG tatsächlich als Indiz für einen Minderwertigkeitskomplex zu werten.

Faktor II: *Dominanzstreben.* In dieser Selbstanalyse liegt beim Dominanzstreben die Betonung auf der Herrschsucht, auf dem „Willen zur Macht". Liegt der errechnete Wert im Bereich „schwach", so ist der Klient ein „Untertan", der sich ängstlich klein macht. Diese Konstellation dürfte eigentlich bei einem Manager nicht auftauchen. Andererseits trifft man als Berater immer wieder auf Söhne von mittelständischen Unternehmern, die kein Dominanzstreben aufweisen, aber den Betrieb übernehmen sollen. Wenn in der Analyse das Pendel nach der anderen Seite ausschlägt, wenn sich also ein Wert im Bereich „neurotisch?" ergibt, sollte man als Auswerter unbedingt den Faktor III mitberücksichtigen: Weist der Klient eine starke moralische Bindung auf, so ist nicht zu befürchten, daß er seine Herrschsucht negativ einsetzt, z. B. im Sinne einer Demütigung oder Ausbeutung der Mitarbeiter. Würde allerdings der Moral-Wert im Bereich „schwach" liegen, so hätten wir es mit einem „Saddam-Typ" zu tun. Im übrigen signalisiert auch der Faktor VI etwas über die Art eines starken Dominanzstrebens: Wie tritt so eine „Herrschergestalt" öffentlich auf? So gibt es unter Politikern Menschen mit einem starken Machtbedürfnis – aber diese Machtmenschen geben sich moderat.

Faktor III: *Moral.* In dieser Kategorie geht es nicht nur um Moral im ethischen Sinne, sondern um das Kontrolliertwerden des Verhaltens durch eine übergeordnete (psychische) Instanz: durch das Über-Ich im Sinne Freuds oder durch das Eltern-Ich im Sinne Bernes. Mit anderen Worten: Lebt so ein Mensch selbstdiszipliniert, weil er sich durch verinnerlichte „Spielregeln" gebunden fühlt? Lügt er gelegentlich, oder „grundsätzlich" nicht? Und wie geht er mit Geld um?

Faktor IV: *Stimmung.* Die Summe aller gefühlsmäßigen „Anmutungen" ergibt die Grundstimmung eines Menschen. Die kann, je nach bisherigen Kindheits- und Lebenserfahrungen, mehr optimistisch oder mehr pessimistisch sein. Aus dieser Grundstimmung, die sich vor allem als Folge von Kindheitserfahrungen manifestiert, kommt ein Mensch nicht heraus. Salopp ausgedrückt: Aus einem Pessimisten wird nie ein Optimist werden! Außerdem neigen manche Menschen dazu, sich ständig zu „hinterfragen", was sie oft in eine depressive Phase führt. *Fazit:* Werte im Bereich „schwach" weisen immer auf Depressionen hin. Werte im Bereich „neurotisch?" weisen auf eine schon krankhafte Heiterkeit hin, die oft in Phasen auftritt und von starken Aggressionen begleitet sein kann. Im übrigen sind Menschen mit einer gedrückten, mehr pessimistischen Grundstimmung in aller Regel risikoscheu.

Faktor V: *Kommunikation.* Dieser Faktor sagt mehr über einen Menschen aus, als er als Klient ahnt, wenn er seine Kreuzchen (oder Kringel) auf den Fragebogen setzt. „Kommunizieren" heißt, eine zwischenmenschliche Beziehung aufbauen. Dazu gehört Offenheit; deren Basis ist das „Ur-Vertrauen". Wer das nicht aufweist, kann sich nicht öffnen und sich in sexuellen Beziehungen nicht „fallen lassen". Die Frage, um die es hier geht, kann auch so formuliert werden: Kann ich meine Gefühle akzeptieren und anderen gegenüber ausdrücken? Davon hängt, unter anderem, die Liebesfähigkeit eines Menschen ab. Hohe Werte im Bereich „neurotisch?" verweisen auf ein aktives Sexleben. Menschen, die ihre Gefühle nicht ausdrücken können, gleichen „Stockfischen" (und sind „schwach"). Das andere Extrem sind jene, die „aus ihrem Herzen keine Mördergrube machen" oder die „ihr Herz auf der Zunge tragen". Sie fallen unter die Rubrik „neurotisch?", weil sie durch ihre große Offenheit zu viele Angriffsflächen bieten.

Faktor VI: *Auftreten.* Das Auftreten eines Menschen in der Öffentlichkeit, seine „soziale Potenz", ist immer Spiegel seiner inneren Befindlichkeit. Menschen mit gesundem SWG und hohem Faktor VI-Wert sind gesellig und haben keine Hemmungen gegenüber dem anderen Geschlecht. Sie sind neugierig, suchen stets nach neuartigen Erlebnissen, sind phantasiereich und messen sich gerne mit anderen: einfach aus „Spaß an der Freud". Ein Leben ohne ständigen Konkurrenzkampf, im Beruf wie in der Liebe, würde ihnen fad erscheinen.

Wenn ein Klient im Faktor I und im Faktor VI in die Rubrik „neurotisch?" fällt, dann ist er ein fürchterlicher Angeber, der ständig damit beschäftigt ist, sein „Ich bin der Größte" hinauszuposaunen. Dann spielt er das „Hahn-auf-dem-Mist-haufen-Spiel".

Fällt ein Klient in den Faktoren I, IV und VI in die Rubrik „schwach", dann ist er ein „graues Mäuslein", das ständig nach einem Schlupfloch sucht, worin es sich verstecken kann.

Apropos: Beginnen Sie Ihre Interpretation immer mit dem extremsten Wert, mit der größten Zacke im Schaubild, und suchen Sie dann zu eruieren, ob die übrigen Zacken diesen Extremwert verstärken oder abschwächen.

5. Quiz: „Unbekannte Dame"

Vor einigen Jahren fragte mich ein Klient, ob ich eine ihm bekannte Dame beurteilen würde, ohne daß ich sie persönlich zu Gesicht bekäme. Sie sei 40 Jahre alt, ledig, attraktiv und beruflich erfolgreich – als Moderatorin von Fernsehsendungen über soziale und Frauenfragen. Da meinem Klienten an dieser „Damen-Analyse" offensichtlich viel gelegen war, willigte ich ausnahmsweise ein und gab ihm die Unterlagen mit. (Ich mache keine Fern-Analysen. Wer bei mir die Unterlagen anfordert, verpflichtet sich zugleich, nach Erhalt meiner schriftlichen Auswertung zu mindestens *einem* Beratungsgespräch zu erscheinen.)

Quizfrage: Wie würden Sie die Persönlichkeit jener „Unbekannten Dame" interpretieren? Nach dem, was Sie bisher gelernt und an Interpretationshilfen mitbekommen haben, dürfte diese Aufgabe nicht allzu schwierig sein. Zur Kontrolle können Sie, nach getaner Arbeit, Ihre Interpretation mit meiner vergleichen.

Wanderer	Krieger	Magier
24	4	2

Wasser	Land
18	6

Unbekannte Dame:

Faktoren/Wert	neurotisch?	sehr gut	gut	„normal"	schwach
	17 16 15 14	12 11 10	8 7	5 4	2 1
I: SWG					
II: Dominanz					
III: Moral					
IV: High					
V: Kommun.					
VI: Soz.Pot.					

6. Quiz-Auflösung „Unbekannte Dame"

Ins Auge springt sofort der Faktor V mit seinem hohen Wert „neurotisch?". Die Dame ist „sexbesessen", worauf auch der extrem hohe „Wasser"-Wert hinweist. Alles in allem: ein Vollweib, das seine Sexualität auslebt und genießt. Der Faktor VI, ebenfalls mit extrem hohem Wert, verstärkt den Faktor V: Diese Dame hat keine Hemmungen gegenüber dem anderen Geschlecht und ist stets auf der Suche nach neuen (und neuartigen) Erlebnissen. Ihre reiche Phantasie verspricht dem Liebespartner und sich selbst einen „Sexhimmel auf Erden".

Die Dame weist ein sehr gesundes Selbstwertgefühl auf, das zwei Wurzeln hat: Erfolge im Beruf und im Bett. Darin liegen zwei Gefahrenpunkte: Wenn diese Frau arbeitslos wird, rutscht ihr SWG sofort in den Keller – das gilt für jeden Arbeitnehmer! Und wenn, vielleicht in 10 Jahren, die sexuelle Attraktivität nachläßt, geht das SWG im Sturzflug nach unten!

Ein weiterer Gefahrenpunkt ergibt sich aus Faktor IV des Diagramms: Depressionen treten auf. Diese „neurotischen" Depressionen haben ihre Ursache zumeist in einem verdrängten Konflikt, der in der Regel in die Kindheit zurückreicht. Da Therapie nicht zu den Coach-Funktionen gehört, dürfen wir lediglich zur Kenntnis nehmen: Unsere Klientin leidet unter Depressionen.

Nun muß man sich als Interpret irgendwann fragen: Wieso ist diese attraktive Frau nicht verheiratet? Eine Ehe würde doch einige Probleme lösen. Die Antwort auf diese Frage ergibt sich zweifelsfrei und überzeugend aus der Archetypen-Analyse: Die Dame hat den höchsten überhaupt möglichen „Wanderer"-Wert! Das bedeutet: Ihr Freiheitsdrang, ihre Sucht, suchend herumzuschweifen, läßt keine Art von Bindung zu!

Was schließlich den Faktor III betrifft, bestätigt er der Frau zwar hohe moralische Maßstäbe – aber nur in Richtung Gewissenhaftigkeit, Pflichterfüllung, Ordnungsliebe etc. Das heißt: Dieses für den Beruf günstige „bürgerliche" Verhalten wird sofort wirkungslos, wenn es um die Sexualität geht. Im übrigen ist die Frau ein „Untertan": Sie versteht es nicht, ihre Interessen durchzusetzen. Auch dies entspricht der seelischen Struktur des „Wasser"-Menschen: Wenn Schwierigkeiten persönlicher Art auftauchen, geht der „Wasser"-Mensch in volle Deckung, während der „Land"-Mensch kämpft.

Angenommen, die „Unbekannte Dame" wäre doch zu mir gekommen, um sich helfen zu lassen – was hätte ich ihr empfohlen?
1. Sie soll sich so akzeptieren, wie sie ist.
2. Sie sollte sich beruflich dahingehend verändern, daß die Sexualität Teil des Berufes wird.
3. Dazu könnte sie sich beispielsweise in Richtung „Tantra" weiterbilden und später in eigener Regie „Tantra-Seminare" durchführen – davon kann man gut leben.
4. Da „Tantra" Teil eines spirituellen Weges zur Selbstverwirklichung ist, könnte die Dame auf diesem Umweg zur Esoterikerin werden.
5. Dann würde sich mit der Zeit dieses ängstliche „Sich-klein-Machen" verlieren, und vermutlich würden sich auch die Depressionen vermindern.
6. Mit Hilfe einer „Formel", wie etwa „Ich bin ein wesentlicher Mensch", könnte sich die Dame, im optimalsten Falle, in Richtung „Magier" entwickeln. Man soll die Hoffnung nie aufgeben…

P.S.: Die „Unbekannte Dame" hat mir durch meinen Klienten ausrichten lassen, sie akzeptiere meine Analyse.

Dies, verehrte Leserinnen und Leser, wäre die „Birkenbihl-Coach-Methode", um der „schönen Unbekannten" zu helfen. *Sie* würden vermutlich anders vorgehen – das ist ja das Interessante an diesem Beruf! Es gibt kein

Patentrezept! Doch vergessen Sie bitte nie: Der erzielte Beratungserfolg rechtfertigt schließlich *jede* Methode!

7. Muster-Diagramme gesunder und neurotischer Menschen

Damit Sie *möglichst schnell einen Blick dafür* bekommen, nach dem Motto „Hinschauen und Bescheid wissen", stelle ich Ihnen jetzt drei Typen aus meiner Klientel vor: einen Gesunden und zwei Neurotiker.

Viktoria, 28

Faktoren/Wert	neurotisch?	sehr gut	gut	„normal"	schwach
	17 16 15 14	12 11 10	8 7	5 4	2 1
I: SWG		•			
II: Dominanz				•	
III: Moral			•		
IV: High		•			
V: Kommun.	•				
VI: Soz.Pot.	•				

Viktoria, 28, stammt von einem Bauernhof im Allgäu und hat sich, über etliche Zwischenstationen, hochgearbeitet: Sie ist heute Verkäuferin in der Abteilung „Damen-Oberbekleidung" eines großstädtischen Kaufhauses. Sie ist ein „erfreulicher Anblick", mit positiver Ausstrahlung und ansteckender Heiterkeit – und sehr sexy. In der Liebe aktiv, ist sie stolz darauf, nie mit einem Manne wegen materieller oder beruflicher Vorteile ins Bett gestiegen zu sein. Karriere-Ehrgeiz kennt sie nicht: Sie lebt lieber „am Fuße der Pyramide" und kostet die kleinen Freuden des Lebens bis zur Neige aus.

Oskar, 32

Faktoren/Wert	neurotisch?	sehr gut	gut	„normal"	schwach
	17 16 15 14	12 11 10	8 7	5 4	2 1
I: SWG	•				
II: Dominanz			•		
III: Moral			•		
IV: High			•		
V: Kommun.		•			
VI: Soz.Pot.	•				

150

Oskar, 32, Sohn wohlhabender Eltern, „Repräsentant" einer französischen Kosmetikfirma für das Gebiet „Süddeutschland". Fährt einen Porsche und stellt Mädchen nach – ohne „durchschlagenden" Erfolg. Auch geschäftlich zählt er nicht zur Spitze, aber er hat es ja auch nicht nötig. Was ihn menschlich so unattraktiv macht, ist seine krankhafte Angeberei. Und das Diagramm, das ja auf seinen Angaben beruht, stellt schlicht und einfach ein *Wunschbild* dar. So ein „Super-Mann" möchte er gerne sein.

Adele, 38

Faktoren/Wert	neurotisch?				sehr gut			gut		„normal"		schwach	
	17	16	15	14	12	11	10	8	7	5	4	2	1
I: SWG													●
II: Dominanz											●		
III: Moral										●			
IV: High												●	
V: Kommun.													●
VI: Soz.Pot.													●

Adele, 38, stammt aus einem Landgasthof, der sehr gut besucht wird. Dort arbeitet sie hart unter der Fuchtel ihres tyrannischen Vaters, der sie von klein auf zur Führung des Restaurants „abgerichtet" hat. Die beiden älteren Söhne durften studieren und leben als „Akademiker" in der benachbarten Großstadt. Adele ist ein „psychologischer Kehrichthaufen", todunglücklich, und findet nicht die Kraft, sich aus dieser „Hölle auf Erden" zu befreien. Vor dem Tode des Vaters wird sich an ihrer Situation nichts ändern …

Coaching und Esoterik

1. Gedanken zu einer „esoterischen" Beratung

In der amerikanischen Literatur wird immer häufiger erwähnt, daß Psycho-therapeuten sich „esoterischer Techniken" bedienen, um zusätzliche Hilfe für eine gute Diagnostik zu gewinnen. Diese Therapeuten nehmen vor allem die Astrologie und den Tarot zu Hilfe.

Von der Astrologie verstehe ich nichts, deshalb will ich mich dazu nicht äußern. Mit den Tarotkarten arbeite ich seit 22 Jahren. Wenn ich einem Klienten die Karten lege, sage ich ihm immer genau, wie seine augen-blickliche Situation ist – und dabei kann ich mich nicht irren!

Das Geheimnis des Kartenlegens beruht darauf, daß ich dem Unterbe-wußtsein meines Klienten Fragen stelle – und diese Fragen auch durch die Karten beantwortet bekomme! Mit anderen Worten: Unser Unterbewußt-sein weiß alles! In ihm ist alles gespeichert, was seit dem Urknall passiert ist; und da es Teil des Universums ist („Wie unten, so oben!"), kann es von dort Informationen abrufen und Aussagen über künftige Entwicklungen machen. Im übrigen beschreibt der Tarot nur Tendenzen, keine zeitlich fixierten Ereignisse.

Soweit meine persönliche Einstellung zum Tarot. Das Ganze ist eine Glau-bensfrage, über die ich niemals mit Exoterikern (das sind die Nicht-Esoteriker) diskutiere. Tatsache ist, daß die Klienten, die zu mir kommen, fast durch die Bank erklären, daß sie an einen derartigen Unsinn nicht glaubten. Wenn ich ihnen dann auf der Basis des ausgelegten Kartenbildes ihre gegenwärtige Situation beschreibe, können diese intelligenten und skeptischen Menschen nur noch fassungslos fragen: „Woher wissen Sie denn das? Sie kennen mich doch gar nicht!"

Warum, so werden Sie sich fragen, beginne ich jede Beratung mit dem Kartenlegen? Weil es keinen besseren Kommunikations-Öffner gibt! Die Klienten nehmen spontan Stellung zu dem, was aus dem Kartenbild „spricht". Und so beginnen sie zu reden – und erzählen bereits während der ersten Sitzung Dinge, die sonst erst viel später zum Vorschein ge-kommen wären, wenn überhaupt! Das bedeutet: Das Arbeiten mit dem Tarot spart Zeit – mir und dem Klienten.

Wer nun glaubt, er könne en passant das „Wahrsagen" mit Tarotkarten erlernen, zum Beispiel mit Hilfe des hervorragenden Buches von Rachel Pollack (siehe Literatur-Verzeichnis), der ist nicht nur auf dem

Holzwege, sondern handelt verantwortungslos seinen Klienten gegenüber!

Vergessen Sie bitte nicht, wie abhängig die meisten Menschen schon vom Horoskop in ihrer Tageszeitung sind. Wenn Sie nun beim Kartenschlagen eine „gekonnte Show" abziehen, verfehlt die ihre Wirkung nie! Und was passiert, wenn Sie, der große Guru, sich mit Ihrer „Vorhersage" geirrt haben? Der Schaden kann tiefgreifend und langdauernd sein. Also bitte: keine Experimente!

Falls Sie sich entschließen sollten, sich mit dem Tarot ernsthaft zu beschäftigen, so sollten Sie wissen, daß Ihnen irgendwann die Auseinandersetzung mit der „Kabbala", mit dem „Baum des Lebens", bevorsteht. Weil die Tarotkarten in die 22 Pfade dieses Baumes „eingebettet" sind. Das bedeutet: Letzte Gewißheit über den Aussagewert eines Tarotsymbols gewinnen Sie oft nur, wenn Sie dessen Stellung im Baum des Lebens berücksichtigen.

Von den vielen Gebieten, mit denen ich mich im Laufe meines Lebens auseinandergesetzt habe, hat mich keines so fasziniert wie die Kabbala. Wenn Sie, verehrte Leserinnen und Leser, etwas für das konstante Training Ihrer Denkfähigkeit tun und gleichzeitig einen verbindlichen Hinweis für Ihren Weg zur Selbstverwirklichung erhalten wollen – dann beschäftigen Sie sich mit Tarot und Kabbala! Etwas Besseres können Sie für sich nicht tun. Und außerdem werden „Brosamen" von Ihrem reich gedeckten „Magiertisch" für Ihre Klienten abfallen. Ist das nichts?

2. Beratungsbeispiel: Ein Horoskop zur rechten Zeit

Ein 28jähriger Jungmanager, Paul-Otto, kam eines Tages zur Beratung. Er ist in einem kleineren europäischen Konzern als „Springer-Geschäftsführer" tätig. Das heißt, er übernimmt für jeweils drei Monate die Supervision einer Geschäftsstelle in Deutschland, in Österreich oder in der Schweiz, um so einen Betrieb mit etwa 8 Angestellten „hochzupuschen". Es handelt sich um eine Kette von Musikläden, in denen Schallplatten, CDs und Video-Clips verkauft werden. Die Firma wirbt mit dem Slogan „Mehr Musikgenuß durch Beratung" und will sich, neben ihrer jungen Kundschaft, einen zweiten Kundenkreis von älteren Menschen aufbauen. Die Aufgabe des jeweiligen Geschäftsführers heißt: Stete Motivation der Mitarbeiter mit dem Ziel, durch einfühlsame und verständige Beratung ältere Kunden zu gewinnen. Natürlich sollen die jüngeren Kunden nicht abgeschreckt werden, so einen „Alte-Leute-Shop" zu besuchen – denn die Jungen lassen „das große Geld" da.

Verständlicherweise ist der ständige Filialleiter nicht begeistert, wenn Paul-Otto aus der Zentrale in Frankfurt kommt, um ihm „Nachhilfestunden in Motivation" zu erteilen. Andererseits unterscheiden sich die Umsätze der zur Zeit 30 Filialen ganz erheblich. Drei dieser Filialen werden von Frauen geführt – eine von ihnen ist die Umsatz-Spitzenreiterin im gesamten Konzern.

Paul-Otto arbeitet seit zwei Jahren im Konzern und hat, nach einer dreimonatigen Einarbeitungszeit, bisher sieben Filialen „motiviert". Bei drei dieser von ihm betreuten Filialen stieg die Zahl der älteren Kunden in der Folge um 10–30 Prozent an. In den übrigen vier Filialen hat sich nichts verändert. Nun hat Paul-Otto das Gefühl, daß ihn die Geschäftsleitung nicht mehr so schätze wie im vergangenen Jahr. Offizielle Kritik an ihm wurde nicht geübt. Doch gibt es für Paul-Otto ein untrügliches Zeichen, daß nicht mehr alles beim alten sei: Während im ersten Jahr seiner Tätigkeit die „betroffenen" Filialleiter sich doch etwas ängstlich und unterwürfig verhielten, war dies bei den beiden letzten Filialen, die Paul-Otto inspizierte, deutlich anders: da spürte er Aufmüpfigkeit – man nahm seine Ratschläge und Vorschläge nicht mehr ohne Widerspruch hin … Paul-Otto sorgt sich: Macht er irgendeinen psychologischen Fehler in der Behandlung der Geschäftsführer? Oder ist da vielleicht eine Intrige im Gange – ein „Spielchen", das höheren Orts eingefädelt worden ist?

Auf die Frage des Beraters, welchen Bildungsweg Paul-Otto hinter sich hätte, sagte dieser, er komme aus einer Musikerfamilie, sein Vater blase Oboe in einem philharmonischen Orchester. Daher seine, Paul-Ottos, Beziehung zur klassischen Musik. Er hätte Kontrabaß gelernt, spiele aber seit dem Abitur vor 10 Jahren in einer Jazz-Band; jetzt nur noch gelegentlich, da ihm sein Job keine Zeit mehr zu regelmäßigem Musizieren lasse.

Wieso er überhaupt das professionelle Musizieren aufgegeben hätte?

Na ja, meint Paul-Otto, jeden Abend bis in die späte Nacht arbeiten, dabei zuviel trinken und rauchen – das sei nicht gerade der gesündeste Job! Jede Woche werde in einer anderen Stadt gespielt, gute Hotels könne man sich nicht leisten, und eine feste Beziehung zu einem Mädchen sei bei diesem Herumvagabundieren eine Illusion…

Letzte Frage: Ob Paul-Otto in der neuen Branche bleiben wolle? Ob er inzwischen so etwas wie ein Berufsziel hätte? Nein, meint Paul-Otto, dieses Zukunftsproblem hätte er keineswegs im Griff … Der Coach gab ihm die drei Analyse-Formulare mit und forderte ihn auf, die angekreuzten Formulare per Post zurückzuschicken. Hier ist das Diagramm von Paul-Ottos Selbstanalyse:

Wanderer	Krieger	Magier
14	6	4

Wasser	Land
16	8

Paul-Otto

Faktoren/Wert	neurotisch?				sehr gut			gut		„normal"		schwach	
	17	16	15	14	12	11	10	8	7	5	4	2	1
I: SWG								•					
II: Dominanz							•						
III: Moral											•		
IV: High												•	
V: Kommun.											•		
VI: Soz.Pot.										•			

Interpretation: Was dem Auswerter zunächst auffällt, ist die Tatsache, daß es sich bei diesem Klienten um eine „gespaltene" Persönlichkeit handelt. Wobei Mittelwerte fehlen: Die Faktoren I und II sind im Bereich der oberen Werte, die Faktoren III – VI sind im „Keller". Der Klient leidet unter Depressionen und wird von Ur-Mißtrauen anderen gegenüber geleitet, was zu einer schon krankhaften Verschlossenheit führt. Im übrigen ist Paul-Otto ein Mensch fast ohne Moral, hart an der Grenze zur Gewissenlosigkeit, und setzt sich absichtlich über „bürgerliche" Normen hinweg. Im Bestreben, sich „klein" zu machen, ist auch sein Auftreten in der Öffentlichkeit gedämpft. Damit konform geht eine heterosexuelle Befangenheit. Die „Keller-Faktoren" V und VI signalisieren in der Zusammenschau, daß der Klient unfähig ist, unbeschwert zu lieben. Das heißt, als Mann und Liebhaber dürfte er ein Versager sein.

Diese Schwächen versucht der Klient durch eine ausgeprägte Herrschsucht zu kompensieren – falls seine Umwelt dies zuläßt! Mit einem starken Dominanzstreben ist immer eine Neigung zu Aggressionen vergesellschaftet, die voll und ungebremst auf die Umgebung abgeleitet werden.

Für das gute Selbstwertgefühl gibt es nicht den geringsten Grund. Es muß deshalb angenommen werden, daß der Klient beim Ankreuzen im Bereich des Faktors I seinem Wunschdenken zum Opfer gefallen ist.

Fazit: Beim Klienten Paul-Otto handelt es sich um einen „Bilderbuch-Neurotiker". Seine Depressionen, seine mißtrauische Verschlossenheit und seine Unfähigkeit, sich öffentlich darzustellen, lassen ihn für die zur Zeit (noch) ausgeübte Tätigkeit ungeeignet erscheinen.

Dieser negative Gesamteindruck wird verstärkt, wenn man bei der Auswertung berücksichtigt, daß der Klient ein ausgeprägter „Wasser"-Typ ist und vom Archetyp her ein „Wanderer", der offensichtlich (vom Schicksal?) bestimmt ist, ruhelos durch die Welt bzw. durch das Leben zu schweifen. Deshalb war der bis vor zwei Jahren ausgeübte Beruf des Musikers mit Sicherheit der ideale Beruf für Paul-Otto. Da kann er sich durch ein Instrument artikulieren und ist in eine Band eingebunden, die seine musische und emotionale Heimat darstellt. Da er vermutlich mit Frauen nichts im Sinn hat, kann eine intime Beziehung nicht unter dem Herumzigeunern leiden, wie dies bei vielen Jazz-Musikern der Fall ist.

Also kann ein Coach diesem Klienten nur empfehlen, zur aktiven Musikausübung zurückzukehren und seinen Supervisor-Job so bald wie möglich an den Nagel zu hängen – bevor man ihn wegen unbefriedigender Leistung feuert!

Als Paul-Otto nach 14 Tagen den Coach wieder aufsuchte, brachte ihm dieser – mit großer Vorsicht! – das Ergebnis der Analyse bei. Eigenartigerweise und vom Coach unerwartet blieb der Klient ganz ruhig und versuchte nicht, sich zu verteidigen oder etwas abzustreiten. Als der Coach seine Verwunderung darüber ausdrückte, rückte Paul-Otto mit der Sprache heraus: Er hatte sich zwischenzeitlich eine „Große Persönlichkeitsanalyse auf Grundlage des Geburtshoroskopes" in einem „Astro-Shop" machen lassen. Und was war dort, unter anderem, zu lesen? Folgendes:

● „Sie haben eine machthungrige Seite und verspüren oft das Bedürfnis, eine dominierende Rolle einzunehmen.

● Dies wird Sie nicht immer umgänglich machen, denn Sie können diese Anlage offenbar nur im Wettbewerb mit anderen verwirklichen. Heftige Auseinandersetzungen werden daher ab und zu nicht zu vermeiden sein.

- Die Marsstellung weist auf Schwierigkeiten hin, persönliche Bedürfnisse und Anliegen zum Ausdruck zu bringen.
- So wird es Ihnen ein Anliegen sein, sich von erziehungsbedingten Normen zu lösen und eigene Wertmaßstäbe zu entwickeln … Es wird zweifellos ein langer Prozeß sein, bis Sie aus der Unruhe der Rebellion heraustreten und Tradition und Individualität harmonisch verbinden lernen.
- Wenn Ihre Gefühle betroffen sind, dürften Sie sich eher mißtrauisch und verhalten zeigen. Um sich anderen gegenüber zu öffnen, brauchen Sie sowohl innere wie äußere Sicherheit und klare Strukturen.
- Sie brauchen als Liebhaber ein großes Maß an Sicherheit und fühlen sich am wohlsten in einer Situation, die Ihnen vertraut ist und in der Sie sich nicht vor Ablehnung fürchten müssen."

Aufgrund dieser verblüffenden Koinzidenz der Selbstanalyse-Aussagen und jener aus dem Horoskop entschloß sich Paul-Otto, als Schlag-Bassist in eine Jazz-Band zurückzukehren. Zusätzlich empfahl ihm der Coach, sich nach ein paar Monaten wieder „anschauen zu lassen". Denn es gäbe bewährte Methoden, den notwendigen Selbstfindungsprozeß, der sich ja laut Horoskop lange hinziehen werde, sinnvoll zu steuern. Bei dieser Aufgabe würde er, der Coach, Paul-Otto gerne behilflich sein …

3. Beratungsbeispiel: Ein „reduzierter" Mensch im Spiegel des Tarot

Vor einigen Jahren kam ein 38jähriger Doktor phil. namens Ekkehard, der Zeitungswissenschaften studiert hatte, zum Berater. Er hatte soeben mit einer Marketing-Agentur pleite gemacht, die er mit einem Studienfreund gegründet hatte. Vier Jahre hatte das „Unternehmertum" gedauert. In der Halbzeit war ihm seine Frau davongelaufen. Jetzt hatte er noch ein Paket Schulden am Halse, sonst nichts mehr …

Als er sich telefonisch um einen Termin bewarb, schickte ihm der Coach die üblichen drei Formulare, die Ekkehard auch prompt angekreuzt retournierte. Als Ekkehard zum ersten Gespräch erschien, konnte ihm der Coach die Analyse vorlegen:

Wanderer	Krieger	Magier
16	4	4

Wasser	Land
2	12

Ekkehard

	neurotisch?				sehr gut			gut		„normal"		schwach	
Faktoren/Wert	17	16	15	14	12	11	10	8	7	5	4	2	1
I: SWG												●	
II: Dominanz											●		
III: Moral										●			
IV: High											●		
V: Kommun.									●				
VI: Soz.Pot.											●		

Auf den ersten Blick scheint erkennbar, daß es sich hier um das Diagramm eines „normalen" Menschen handelt – fünf von sechs Werten liegen im Bereich „normal". Doch der zweite Blick macht den Interpreten stutzig: Das Selbstwertgefühl, die zentrale Instanz unseres Lebens, vegetiert im Keller. Die Stimmung dieses Klienten pendelt um den „Nullpunkt", d.h. auf der Grenze zwischen „normal" und „schwach", was in der Regel eine Anfälligkeit für Depressionen signalisiert. Das öffentliche Auftreten kann als „zurückgenommen" bezeichnet werden. Die Kommunikationsfähigkeit bezeichnet der Klient in seiner Selbstanalyse als „gut", was man als Auswerter bei Berücksichtigung des miserablen SWGs und dem fehlenden Dominanzstreben anzweifeln muß. Moralisch ist Ekkehard gefestigt – das ist sein höchster Wert!

Indessen weist die Archetypen-Analyse Ekkehard als einen „Wanderer" aus – der ewig auf dem Wege ist, ohne irgendwo anzukommen! Und ganz bedenklich muß der armselige „Wasser"-Wert erscheinen! Er drückt auf die Kommunikationsfähigkeit des Klienten – und damit auch auf dessen Liebesfähigkeit! Mit einem Wort: Gefühle finden im Seelenleben Ekkehards nicht statt! *Deshalb ist er, im psychologischen Sinne, ein „reduzierter" Mensch.*

Der Klient Ekkehard wehrte sich heftig gegen diese Analyse. Auch der Hinweis des Beraters, er hätte ja nur jene Fakten in ein Diagramm transponiert, die Ekkehard selbst angekreuzt hätte, stach nicht. So schickte der

Coach seinen Klienten nach Hause mit der Aufgabe, einen höchsten zwei Seiten langen Aufsatz zu schreiben mit dem Thema: „Welche Ereignisse haben mein Leben besonders beeinflußt?"

Als Ekkehard zum zweiten Male erschien, mit dem angeforderten Papier, las der Coach dort etliche Dinge, welche die Situation seines Klienten schlagartig erhellten. Zum Beispiel:

● „Diese Grundprinzipien sind sicherlich zu einem großen Teil von der Erziehung im (christlichen, von Patres geführten) Internat bestimmt.

● Ich wollte akzeptiert, d.h. angenommen werden und habe deshalb vielleicht verstärkt versucht, diese Akzeptanz bei den Patres zu erreichen. Durch ethische Festigkeit, aber auch durch besondere Leistungen.

● …durch meine besondere Situation in der Familie: Irgendwie hatte ich wohl das Gefühl, daß *ich* meiner Mutter nicht auch noch Sorgen machen dürfte, wo sie doch so viele Probleme mit ihrem saufenden Mann hatte. Und zum anderen versuchte ich wohl auch – bei dieser so pflichtorientierten Frau! –, zumindest und gerade durch Leistungen die gewünschte Anerkennung und Akzeptanz zu erlangen.

● …damals brach mein Weltbild zum ersten Male zusammen: Ich verlor meine eher naive Einstellung zum Leben, wie sie von der christlichen Moral geprägt war; auch veränderte sich mein – bis dato idealisiertes, Marien-orientiertes – Frauenbild total. Bewältigt habe ich diese Krise rein intellektuell und weitgehend allein – nur mit Hilfe Nietzsches.

● Solange ich mich erinnern kann, war ich psychisch auf mich selbst gestellt. Und nicht nur das, denn meistens war ich es, der sich auch noch anderer annehmen mußte oder sich freiwillig dazu bereiterklärt hat. Oft habe ich mir dabei die Probleme anderer zu eigen gemacht, einfach weil es für mich selbstverständlich war, andere Menschen ernst zu nehmen – und ihnen auch zu helfen."

Dieser (ehrliche) Bericht erklärt manches. Doch wollte ihn der Coach nicht kommentieren – er wollte sich durch seinen Klienten nicht auf psychoanalytisches Terrain abdrängen lassen. Das kann sehr schnell passieren, wenn man als Coach nicht auf der Hut ist! *Das darf auf keinen Fall passieren!* Und so wählte der Coach einen Ausweg aus dieser Situation, der ihm schon manchesmal weitergeholfen hatte: Er griff zu seinem Deck Tarotkarten und forderte den verblüfften Ekkehard auf, die Karten zu mischen. Bereits die ersten sechs Karten, die Ekkehard aus dem verdeckten Stoß von 78 Bildern holte, legten seine geheimsten Regungen bloß – und kündigten an, was der Klient tun sollte, weil ihm keine andere Wahl bliebe:

Die Gesamtsituation Ekkehards ist (im Augenblick) durch illusionäres Denken gekennzeichnet (1). Er will die Realität, wie sie ist, nicht wahrhaben. Doch wird dieser Zustand nicht lange anhalten, da der Tod (2) bereits dabei ist, Ekkehards Weltbild zu zerstören. Das bedeutet: Ekkehard wird als die Persönlichkeit, die er zur Zeit noch ist, (psychisch) sterben und sofort als gewandelte Persönlichkeit auferstehen. Während Ekkehard glaubt, sein Lebensproblem durch Leistung in den Griff zu bekommen (3), antwortet sein befragtes Unterbewußtsein (4): „Du wirst dich entscheiden müssen zwischen einem ideell oder materiell ausgerichteten Leben! Um diese Entscheidung kannst du dich nicht herumdrücken – sie wird dein weiteres Leben bestimmen!"

Die Karte Hierophant (5) stellt den Einfluß der Vergangenheit auf den Klienten dar: sie symbolisiert ein auf Transzendenz ausgerichtetes Dasein, und zwar lernend und lehrend. Die Karte (6) schließlich, die auf die unmittelbare Zukunft weist, symbolisiert die Persönlichkeitsmischung nach seinem psychischen Tod: Die alten Persönlichkeitsanteile müssen mit den neu erworbenen Anteilen zu einem anderen Ganzen vermischt werden.

Interessant ist außerdem bei diesem Kartenbild aus sechs Symbolen (erklärt der Coach seinem verdutzten Klienten), *daß nicht eine einzige Karte auf Gefühle hinweist!* So ist es typisch, daß Ekkehard für die von ihm gewünschte Zukunft den „Wagen" (3) gezogen hat: Er stellt einen siegreichen Krieger oder erfolgreichen Unternehmer dar, der sich durch das Dach seines Triumphwagens gegen psychische Angriffe schützt, die sein Selbstwertgefühl treffen könnten. Gefühlsmäßig ist dieser Triumphator nämlich zu kurz gekommen: Der untere Teil des Wagens, in den der Unterleib des Siegers eingebettet ist, besteht aus einem Felsbrocken! Der siegreiche Krieger ist ein um den Gefühlsbereich reduzierter Mensch! Und seinen „Triumph" bezahlt dieser Sieger durch Gefühlsverarmung und menschliche Isolierung: „Sieger" haben keine Freunde!

Fazit I: Der Klient Ekkehard ist ein nur auf Leistung ausgerichteter Mensch, in dessen Persönlichkeit Gefühle keine Rolle spielen. Anstatt an sich selbst zu arbeiten, betätigt er sich lieber als Lehrer und Helfer, um anderen zu ihrem Lebensglück zu verhelfen – ein echter Guru!

DER WAGEN

DER HIEROPHANT

DER TOD

DER AUSGLEICH

DIE LIEBENDEN

Wendet man nun eine *Kombination aus Tarot und Numerologie* an (wie dies Mary K. Greer tut – siehe Literaturverzeichnis), so gibt es zwei wegweisende Karten:

● die „Karte der Bestimmung"; sie errechnet sich aus der Buchstabensumme der beiden Vornamen und des Familiennamens; für Ekkehard ergibt diese Summe 14 = „Mäßigkeit";

● die „Karte des Lebenspotentials"; sie errechnet sich aus der Summe aller Namen und der Jahreszahl des Geburtsdatums; für Ekkehard ergibt dies 20 = „Das Gericht".

Interpretation:
Es ist (im Falle Ekkehard) eigenartig, daß sowohl sein erster Vorname für sich als auch die Summe der drei Namen die Ziffer 14 ergeben, die „Mäßigkeit" (oder die „Mischung", wie sie auch genannt wird). Auch beim Kartenlegen ergab sich für das Geschehen der unmittelbaren Zukunft die „Mäßigkeit". Bedeutung dieser Karte: Der Mensch muß sich innerlich neu organisieren und dann, in diesem geläuterten Zustand, *die verschiedenen Seiten des Lebens verbinden.* Also: das Berufsleben mit dem Privatleben. Im Klartext: Es ist die Bestimmung des Menschen Ekkehard, sich *zeitlebens* um einen Ausgleich von Verstand und Gefühl zu bemühen.

„Das Gericht" ist eine Karte von ganz besonderer Bedeutung. Sie fordert den Fragenden auf, mit sich selbst ins Gericht zu gehen. Der Fragende erlebt durch diese Karte einen *Anstoß aus seinem Inneren, eine wichtige Veränderung vorzunehmen.* Dazu ergeht ein *Ruf* an ihn – und alle vom Fragenden vorgebrachten Einwände sind nur Entschuldigungen. Seine Lebenseinstellung zu ändern erfordert drei Dinge: Mut, Energie und die Bereitschaft zum Schmerz.

Fazit II: Es scheint das Schicksal des Klienten Ekkehard zu sein, in der gegenwärtigen Inkarnation um die innere Balance von „Wasser" und „Land", von Verstand und Gefühl, zu ringen. Die äußeren Umstände, zum Beispiel diverse Berufsrollen, sind sekundär und nur Mittel zum Zweck.

Der Klient verließ den Coach beeindruckt und zerknirscht und gelobte Besserung. Es folgten zwei Jahre „Sendepause". Doch „plötzlich und unerwartet" kam dann ein Kurzbrief mit der Nachricht, Ekkehard hätte in den neuen Bundesländern einen „Lehrauftrag für Medieninformationen" angenommen und käme mit den Seminarteilnehmern sehr gut aus. Wörtlich: „Sie akzeptieren mich, haben ebenfalls Spaß und machen gut mit. Deshalb ist das Seminarklima auch ausgezeichnet. Ich meine: Diese Arbeit liegt mir."

Wir wissen nunmehr, welche Entscheidung Ekkehard seinerzeit gefällt hat: Lehren und dabei selbst lernen. Und anderen helfen – nur nicht sich selbst! Doch die Auseinandersetzung mit seinem Selbst, um die er sich wieder einmal gedrückt hat, wird ihm nicht erspart bleiben. Dieses Problem wird ihn eines Tages einholen, und dann wird er einen Psychotherapeuten brauchen. Ein Coach ist für eine derartige Aufgabe zu schwach.

* * * * *

Zur Auswertung der „Land-Wasser"-Analyse (Seite 27):

Der Analyse-Bogen enthält 20 „Land"- und 20 „Wasser"-Aussagen.

Die *„Wasser"-Aussagen* erkennen Sie an den 2 Punkten am Satzende (..) Aussagen mit einem Punkt am Satzende gehören zum „Land".

Angenommen, Sie hätten insgesamt 30 Aussagen eingekringelt, davon 20 für „Land" und 10 für „Wasser", dann ergibt sich eine klare Überlegenheit für einen männlichen Seelenanteil.

Fazit: Es ergibt sich stets ein bestimmtes Verhältnis der „Land"- zu den „Wasser"-Anteilen, wie in obigem Beispiel von 15:10. Würde das Verhältnis beispielsweise 25:5 heißen, so hätte man einen Diktator-Typ vor sich, ohne eine Spur von Menschlichkeit, denn die 5 „Wasser"-Punkte haben dann keine Bedeutung mehr. Ein Verhältnis von 20 „Wasser"- zu 10 „Land"-Anteilen würde zum Beispiel auf einen Menschen wie Albert Schweitzer hinweisen.

Literaturverzeichnis

Adler, Alfred: Praxis und Theorie der Individualpsychologie, Fischer, TB, 1974

Adorno, Theodor W.: Studien zum autoritären Charakter, Suhrkamp, 1973

Alt, Franz: Das C. G. Jung Lesebuch, Walter, 1984

Birkenbihl, Michael: Karriere und innere Harmonie sind möglich, mvg, 1991

Birkenbihl, Michael: Chefbrevier, mvg, 1990

Birkenbihl, Michael: Schnellkurs zum Lebenskünstler, mvg, 1992

Birkenbihl, Vera F.: Kommunikationstraining (11. Auflage), mvg, 1991

Bischoff, Erich: Die Elemente der Kabbala, MECO, Dreieich, 1990

Blake/Mouton: Verhaltenspsychologie im Betrieb, Econ, 1991

Bleicher, Kurt: Das Konzept Integriertes Management, Campus/manager magazin, 1991

Burton, Anthony: Das C & A & E Programm, Stalling, 1970

Capra, Fridjof: Wendezeit, Scherz, 1983

Colegrave, Sukie: YIN und YANG, Fischer, 1984

Challoner, H. K.: Das Rad der Wiedergeburt, Hirthammer, 1976

Dahlke, Rüdiger: Krankheit als Sprache der Seele, Bertelsmann, 1992

Dethlefsen/Dahlke: Krankheit als Weg, Bertelsmann, 1983

Drucker, Peter F.: Neue Realitäten, Econ, 1990

Fiedler/Chemers/Mahar: Der Weg zum Führungserfolg, C. E. Poeschel, 1979

Fromm, Erich: Haben oder Sein, dva, 1976
  Die Furcht vor der Freiheit, Europäische Verlagsanstalt, 1966

Goodman, Linda: Star Signs/Sternzeichen, Knaur, 1988

Govinda, Lama A.: Grundlagen tibetischer Mystik, O. W. Barth, 1982

Greer, Mary: Tarot Konstellationen, Hugendubel, 1989

Hamann, Brigitte: Die zwölf Archetypen, Knaur, 1991

Harris, Amy Bjork/Harris,Thomas A.: Einmal o.k. immer o.k., Rowohlt, 1985

Harvard manager: Führung und Organisation, manager magazin, Hamburg (ohne Jahr)

Helgesen, Sally: Frauen führen anders, Campus, 1991

Jaxon-Bear, Eli: Die neun Zahlen des Lebens, Droemer Knaur, 1989

Kazmier, L.: Einführung in die Grundsätze des Management, Moderne Industrie, 1972

Kopp, Sheldon B.: Der Taschendieb und der Heilige, Diederichs, 1985

Kopp, Sheldon B.: Kopfunter hängend sehe ich alles anders, Diederichs, 1986

Leavitt, Harold: Grundlagen der Führungspsychologie, Moderne Industrie, 1974

Legewie/Ehlers: Knaurs moderne Psychologie, Droemer Knaur, 1972

Lersch, Philipp: Aufbau der Person, J. A. Barth, 1970

Leuenberger, Hans-Dieter: Schule des Tarot, Band 1–3, Bauer, 1984

Lynch/Kordis: Delphin Strategien, Paidia, 1991

Mann, Rudolf: Das ganzheitliche Unternehmen, Scherz, 1990

Markert, Christopher: YIN YANG, Goldmann, 1983

Maslow, Abraham: Motivation und Persönlichkeit, Walter, 1977

Müller, Lutz: Magie, Kreuz, 1989

Orban, Peter: Seele, Hugendubel, 1991

Orban/Zinnel: Der Tanz der Schatten, Hugendubel, 1990

Orban/Zinnel: Drehbuch des Lebens, rororo, 1990

Page, Martin: Managen wie die Wilden, Heyne, 1991

Pearson, Carol S.: Der Held in uns, Knaur, 1990

Pollack, Rachel: Tarot, Droemer Knaur, 1985

Pütz, Manfred (Hrsg.): Benjamin Franklin Lebenserinnerungen, Winkler, 1983

Rattner, Josef: Menschenkenntnis durch Charakterkunde, Hoffmann und Campe, 1983

Schiff, Michael: Senkrechtstarter im Beruf, Axel Juncker, 1970

Schmidbauer, Wolfgang: Die hilflosen Helfer, Rowohlt, 1980

Schultz, Hans Jürgen (Hrsg.): Psychologie für Nichtpsychologen, Kreuz, 1979

Sopp, Hellmut: Wie der Mensch wirklich ist, Econ, 1965

Tepperwein, Kurt: Die hohe Schule der Hypnose, Ariston, 1984

Tepperwein, Kurt: Geistheilung durch sich selbst, Goldmann, 1985

Tepperwein, Kurt: Was dir deine Krankheit sagen will, mvg, 1990

Thomas, Dr. Dr. Klaus: Praxis des Autogenen Trainings, Trias, 1989

Waldrich, Hans-Peter: Esoterik für Einsteiger, Kösel, 1990

Watts, Alan W.: Die Illusion des Ich, Kösel, 1980

Watzlawick/Beavin/Jackson: Menschliche Kommunikation, Hans Huber, 1974

Wilson, Colin: Das Okkulte, März 1982

Wolff, Katja: Der kabbalistische Baum, Droemer Knaur, 1989

Stichwortverzeichnis

Analyse-Formulare

6-Faktoren-Selbstbild

	3	2	1	0	1	2	3	
Faktor I								
1. Glauben Sie, bei Ihrer Umgebung eher beliebt								oder eher unbeliebt zu sein?
2. Fühlen Sie sich wegen Ihres Charakters sehr								oder eher weniger geachtet?
3. Schätzt man Sie besonders wegen Ihrer beruflichen Leistung								oder fühlen Sie sich, aufgrund der Umweltreaktion, eher als Versager?
4. Halten Sie sich für sehr								oder eher für weniger durchsetzungsfähig?
5. Halten Sie sich für attraktiv								oder nicht?
6. Glauben Sie, daß Sie sich auf der sozialen Bühne gut								oder nicht besonders gut „verkaufen"?

	3	2	1	0	1	2	3	
1. Sind Sie meistens bestrebt, andere nach Ihrem Willen agieren zu lassen								oder liegt Ihnen nichts daran, andere zu beherrschen?
2. Sind Sie mit anderen häufig								oder nur selten in Auseinandersetzungen verwickelt?
3. Halten Sie sich für einen geduldigen								oder für einen eher ungeduldigen Menschen?
4. Reagieren Sie Konfliktdruck nach außen ab								oder fressen Sie Ärger und Wut in sich hinein?
5. Zeigen Sie irgendwann Ihrem Gegner, daß das Ende der Fahnenstange erreicht sei –								oder machen Sie sich eher klein und passen sich an?
6. Halten Sie als Chef ein gewisses autoritäres Verhalten für notwendig								oder spielen Sie lieber die Rolle des „Menschen wie du und ich"?

171

Faktor III

	3	2	1	0	1	2	3	
1. Halten Sie sich für sehr ordentlich								oder eher für unordentlich?
2. Sind Sie zum Ausgelassensein fähig								oder unfähig?
3. Sind Sie im Umgang mit Geld begabt								oder unbegabt?
4. Lassen Sie gelegentlich „alle Fünfe gerade sein"								oder sind Sie ein Wahrheitsfanatiker?
5. Führen Sie Ihr Leben lieber nach festen Regeln								oder sind Sie eher unstetig und lieben neue Situationen?
6. Spielt Religion in Ihrem Leben eine Rolle								oder kommen Sie ohne Gott aus?

Faktor IV

	3	2	1	0	1	2	3	
1. Sehen Sie sich eher heiter, unternehmungslustig und etwas sprunghaft								oder neigen Sie zu Selbstreflektion und depressiven Stimmungen?
2. Haben Sie ein starkes Ausdrucksbedürfnis mit lebhafter Gestik und Sprache								oder gehören Sie eher zu den „Stillen im Lande"?
3. Bejahen Sie Risiken, weil sie zum Leben gehören								oder sichern Sie sich gegen mögliche Risiken umfassend ab?
4. Verschwenden Sie keine Zeit, über Ihr Verhalten nachzudenken								oder stellen Sie sich häufig selbstkritisch in Frage?
5. Wenn in Ihnen Aggressionen entstehen, wenden sich diese nach außen								oder nach innen, gegen sich selbst?
6. Agieren Sie unter Alkohol eher fröhlich und enthemmt aggressiv								oder werden Sie ganz still und „blasen Trübsal"?

Faktor V

	3	2	1	0	1	2	3	
1. Sind Sie für Ihre Gefühle aufgeschlossen								oder versuchen Sie, Ihre Gefühle zu ignorieren?
2. Tragen Sie Ihr Herz auf der Zunge								oder sind Sie eher verschlossen?
3. Sind Sie intensiv erlebnisfähig in der Liebe								oder haben Sie Schwierigkeiten, sich beim intimen Kontakt „fallen zu lassen"?
4. Fällt es Ihnen leicht, eine neue Beziehung aufzunehmen								oder bedarf Kommunikation immer einer Anlaufzeit?
5. Halten Sie jeden Menschen für anständig, bis er Ihnen das Gegenteil bewiesen hat –								oder begegnen Sie neuen Partnern/Mitarbeitern a priori mißtrauisch?
6. Fühlen Sie sich hinsichtlich Ihrer Handlungen unabhängig von der Meinung Ihrer Umwelt								oder werden Sie wegen Ihres Handelns öfter von Scham und Zweifeln heimgesucht?

	3	2	1	0	1	2	3	
1. Sind Sie ein geselliger Typ, der gerne ausgeht und ab und zu kräftig „auf die Pauke haut"								oder scheuen Sie Veranstaltungen, auf denen geklatscht und Blabla geredet wird?
2. Sind Sie dem anderen Geschlecht gegenüber unbefangen								oder haben Sie Hemmungen, die Sie zu überspielen versuchen?
3. Sind Sie, ganz allgemein, sehr begeisterungs- und hingabefähig								oder erscheint Ihnen Enthusiasmus weder auslebbar noch erstrebenswert?
4. Sind Sie phantasiereich und kreativ								oder wenden Sie sich auf der Suche nach Ideen lieber an andere, die in dieser Hinsicht begabter sind?
5. Gehört eine konkurrierende Haltung zu den Grundzügen Ihres Lebens								oder kämpfen Sie nur, wenn es sich gar nicht vermeiden läßt?
6. Sind Sie, in Freundschaft und Liebe, zur Dauerbindung fähig								oder sind für Sie alle Bindungen nur Episoden?

Analyse-Tableau

Wanderer	Krieger	Magier

Wasser	Land

Faktoren/Wert	neurotisch? 17 16 15 14	sehr gut 12 11 10	gut 8 7	„normal" 5 4	schwach 2 1
I: SWG					
II: Dominanz					
III: Moral					
IV: High					
V: Kommun.					
VI: Soz.Pot.					

Abkürzungen: SWG = Selbstwertgefühl
High = Stimmungslage
Komm. = Kommunikationsfähigkeit
Soz.Pot. = Soziale Potenz = Fähigkeit,
sich öffentlich darzustellen